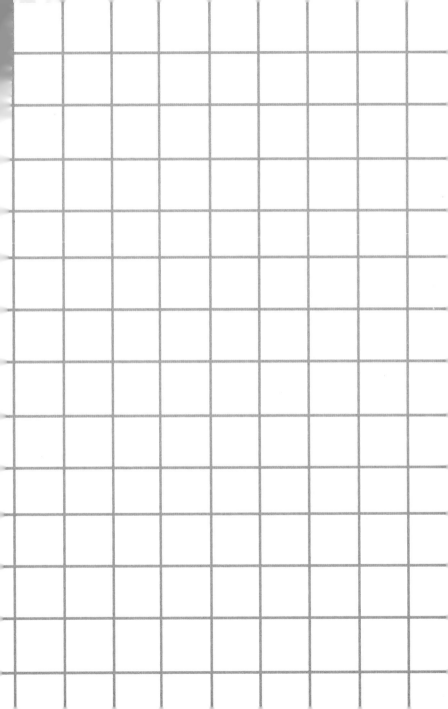

이건
다이어트 책입니다,
하지만…

이건 다이어트 책입니다, 하지만

초판1쇄 발행   2022년 9월 17일

지 은 이   정영미(지중공)

펴 낸 곳   잇콘
발 행 인   록산
편   집   홍민지
마 케 팅   프랭크, 릴리제이, 감성 홍피디, 예디
경영지원   유정은
디 자 인   onmypaper
일러스트   금요일
등   록   2019년 2월 7일 제25100-2019-000022호
주   소   경기도 용인시 기흥구 동백중앙로 191
팩   스   02-6919-1886

ⓒ 정영미, 2022

ISBN   979-11-90877-64-0   03190
값   15,000원

이건
다이어트 책입니다,
하지만…

정영미(지중공) 지음

잇콘

요요 없는 다이어트는 가능할까

드라마틱한 변화를 좋아했다. 긴 머리를 단발로 확 자르거나, 뭔가를 준비해서 한 번에 짜잔! 하고 보여주는 것에 희열을 느꼈다. 다이어트도 그랬던 것 같다. 단시간에 10kg씩 감량하는 것이 좋았다. 물론 요요도 드라마틱하게 오긴 했지만.

바뀔 거면 확 바뀌고, 그렇지 않으면 아무런 시도도 하고 싶지 않았다. 그것이 내 성향인 줄 알았는데 알고 보니 사람들은 대부분 기다리는 것을 힘들어한다는 것을 알게 된 건 그리 오래되지 않았다.

세 번이나 20kg 이상을 빼는 다이어트에 성공했지만 세 번 모두 요요를 겪게 되었다. 하지만 요요가 왜 왔는지 돌이켜보기는커녕 '날씬했었다는 사실'에 만족하며 10년을 보냈다. 그러다가 육아를 하면서 점점 희미해지는 나를 되찾고 싶어서 선택한 방법이 다시 다이어트를 하는 것이었다.

사실 다이어트는 예전부터 나의 자존감을 회복하기 위한 수단이었다. 어릴 때부터 덩치가 크고 살집이 많았던 나는 외모 콤플렉스가 있었고 자존감이 한없이 낮았다. 그러다 보니 더욱 더 드라마틱한 변화를 원했던 것인지 모르겠다. 스스로의 모습에서 빨리 벗어나고 싶었던 것이다. 지금 생각해보면 세 번의 요요를 겪게 된 근본적 원인은 바로 나 자신을 부정했기 때문이었던 것 같다.

세 번의 다이어트와 세 번의 요요를 겪으면서 총 68kg을 빼고 쪄봤다. 중간중간 5kg씩 뺐던 것들은 모두 제외하고 말이다. 이놈의 요요, 지겨워서 못 해먹겠다. 그래서 결심했다. 생애 마지막 다이어트는 요요 없이 평생 유지해 보자. 결과부터 말하자면 2년간 25kg을 감량했고 꽤 오랜 시간 유지를 해왔다.

뼈를 깎는 노력은 하지 말자

앞선 세 번의 다이어트와 마지막 다이어트에는 어떤 차이가 있었을까? 예전엔 다이어트 자체에 초점을 맞췄지만 이번엔 '나'에게 초점을 맞췄다는 것이다.

어쩌면 이 책은 다이어트 요령을 알려주는 실용서로서는 많이 부족할지도 모르겠다. 살이 쭉쭉 빠지는 비법을 알려주는 게 아니라 오랫동안 천천히 생활습관을 바꿔 가는 이야기이기 때문이다. 나를 알아가고 내 몸을 이해하면서 내 몸과 생활습관에서 불필요한 부분을 덜어내는 '나 사용법'에 대한 이야기이다.

25kg을 감량하는 데에 2년이 걸렸으니 단순하게 계산하면 한 달에 1kg 정도씩 빠진 셈이다. 이렇게 천천히 조금씩 꾸준하게 다이어트를 진행했던 건 나도 처음이었다. 그렇게 오래 걸린 이유는 다이어트를 대충 했기 때문이 아니라, 평생 살이 안 찌는 생활습관을 만드는 데에 초점을 맞췄기 때문이다.

어떻게 살아야 살이 안 찌는지는 우리 모두가 너무나 잘 안다. 건강한 음식을 조금씩만 먹으면서 꾸준히 운동하는 것이다. 문제는 그것을 습관으로 정착시키기가 어렵다는 점이다. 며칠 정도는 문제없이 할 수 있지만, 평생 그렇게 하기는 어렵다.

그래서 내가 택한 방법은 남들이 좋다고 한 방법을 따르는 게 아니라 '내 몸'의 목소리에 귀를 기울이는 것이었다. 내가 좋아하는 음식이 뭔지 찾아보고 그중에서 건강한 음식을 골라서 식단을 구성했다. 운동 역시 무조건 칼로리 소모가 많은 것보다는 내가 재미를 느끼고 꾸준히 할 수 있는 것부터 시작했다.

내가 할 수 있는 운동과 식단관리의 수준을 파악하는 게 중요하다. 남들한테는 별 것 아닐 수 있어도 그게 내 몸이기 때문에 어쨌든 받아들이고 사랑할 수 있도록 계속해서 노력하고 연습했다.

그 과정은 운동선수나 연예인 같은 몸매여야만 성공한 삶은 아니라는 것을 깨닫는 시간이었다. 누구나 나름의 아름다움을 가지고 있다. 나도 그럴 것이다. 그러니 내가 할 수 있는 만큼의 나를 받아들이고, 기준을 조절하며 선택해 가는 과정이 필요하다. 그렇지 않으면 다이어트가 끝나는 순간 요요는 반드시 온다.

우리는 눈에 보이는 것만 생각할 뿐 뒤따르는 노력은 보지 않으려는 경향이 있다. 힘들게 노력한 과정보다 화려한 모습을 동경하고, 별다른 노력 없이 무언가를 얻고 싶어 한다. 하지만 세상에서 노력하지 않고 행동하지 않고 얻어지는 것은 없다. 한두 번은 운으로 가능할지 모르지만 그것은 진짜 내 것이 아니다. 오히려 나중에는 더 큰 슬럼프에 빠질 수 있다.

뼈를 깎는 노력은 권하고 싶지 않다. 그런 생활은 평생 유지할 수가 없기 때문이다. 대신 생활의 밸런스를 유지하면서 포기하지 않고 꾸준히 이어가기만 하면 된다.

조금씩, 천천히, 꾸준히

어떻게 하면 좋은 식습관을 지속가능하게 할 수 있을까? 일단은 할 수 있는 만큼만 해보자는 마음으로 시작을 했다. 처음에는 사소한 부분부터 바꿔보고, 그것이 익숙해지면 그다음에는 좀 더 어려운 과제에 도전했다. 그렇게 하나둘 바꿔나가다 보니 과거의 나와 현재의 나는 매우 다른 사람이 되어 있었다. 덕분에 별다른 어려움 없이 감량한 몸무게를 꾸준히 유지하고 있고, 앞으로도 유지해 나갈 수 있다는 자신감이 생겼다.

처음에는 이것이 가능할 거라는 확신도 없었다. 그래서 블로그에도 내 식단과 운동 기록을 비공개로 포스팅했다. 그런데 시간이 지나고 기록이 채워지면서 눈에 보이는 변화가 일어나기 시작했다. 그제야 스스로 자신감을 얻었고, 공개적으로 포스팅을 하게 됐다.

블로그 포스팅은 나만을 위한 기록이자 나를 찾아가는 여정이었다. 이런 나도 몸을 바꾸고 인생에 대한 태도를 바꿀 수 있었으니 누구나 할 수 있을 것이다. 그걸 널리 알리고 싶었다. 특별하거나 자극적인 방법은 아니지만 일상을 조금씩 바꿔감으로써 충분히 평생 행복해질 수 있다는 것을 말해주고 싶었다.

그 기록을 재가공한 것이 지금 이 책이다. 처음 다이어트를 시작할 때는 살이 빠진다는 사실을 나만 알고 있었다. 10kg이나 빠졌는데도 다른 사람 눈에는 그냥 좀 덜 뚱뚱한 애로 보일 뿐이다. 하지만 누가 알아보지 못해도 나는 알고 있으니 그것에 만족하면 된다. 어쨌든 나의 생활은 예전보다 훨씬 건강해졌음을 느끼고 있으니까.

지금의 나는 몸무게가 10kg 정도 늘었다. 책을 쓰는 중간에 셋째를 임신한 덕분이다. 오랫동안 유지어터로 지냈지만 그 기록이 깨져버렸다. 하지만 예전처럼 초조하거나 걱정되지는 않는다. 셋째가 태어나고 나면 다시 몸 관리를 시작하면 된다.

마지막 다이어트를 통해 내가 얻은 가장 큰 성과도 바로 이것이다. 언제 어떤 상황이든, 나는 내 몸을 충분히 컨트롤할 수 있다는 자신감이다. 여러분도 충분히 가능하다.

새로운 시작을 기다리며

지중공 정영미 드림

Contents

식탐과의 전쟁

운동과의 전쟁

유지어터를 넘어 '탈다이어터'로

맺음말

3번의 다이어트와 3번의 요요, 그리고 남은 것

첫 번째 다이어트
6시 이후로 굶기

나의 다이어트 연대기는 고등학교 1학년 때로 거슬러 올라간다. 열일곱 살밖에 되지 않았는데 허리에 통증이 자주 있었다. 정형외과에 가서 엑스레이를 찍었는데 의사 선생님의 충격적인 말씀이 아직도 기억난다.

"뼈에 비해 살이 많습니다. 살을 빼지 않으면 계속 아플 거예요."

이 말에 충격받고 다이어트를 시작했으면 좋았겠지만, 열일곱 살의 나는 뭐가 그리 긍정적이었는지 '뼈가 생각보다 가늘다면 살은 잘 빠질 수도 있겠는데?'라는 생각만 하고선 다이어트는 꿈도 꾸지 않았다.

고등학생은 공부만 해야 한다고 생각했고, 내가 좀 뚱뚱한 것 같긴 하지만 그렇게 못 봐줄 수준은 아니라고 생각하기도 했다. 그런데 고2가 될 무렵의 어느 겨울날, 거울에 비친 내 모습을 보고 깜짝 놀랐다. 완전 뚱뚱하고 못생긴 사람이 서 있었다.

사진에서 보는 내 모습은 낯설고 뚱뚱해 보였지만, 거울로 봤을 때 그럭저럭 봐줄 만했는데 그날은 아니었다. 그렇게 뚱뚱하고 못생겨 보일 수가 없었다. '살을 빼긴 빼야 하는데'라고 막연히 생각했던 것과 내 모습에 만족할 수 없는 것은 달랐다. 지금 당장 무엇이라도 해야 할 것 같았다.

단순하고 꾸준한 게 최고야

스스로 뚱뚱하다고 느낀 고등학생이 가장 쉽게 시작할 수 있는 일은 저녁 6시 이후로 아무것도 먹지 않는 것이었다. 지금 생각해 보면 아는 방법이 그것뿐이라 다행이었다. 다이어트약은 돈이 많이 든다고 생각했고, 그 당시에는 먹고 토하는 방법으로 살을 뺐다는 사람들의 이야기도 많지 않았다.

내가 할 수 있는 것은 당장 그날부터 저녁 6시 이후로 아무것도 먹지 않는 것뿐이었다. 그때는 공복 시간의 개념도 없었고, 간헐적 단식이란 말도 없었다. 그저 TV에서 가끔 알려주는 살 빼기 정보 중에서 살을 빼고 싶다면 6시 이후에는 먹지 말라는 말을 들었고, 그걸 실천한 것뿐이었다.

학교에 다니고 있었기 때문에 먹는 시간은 규칙적이었다. 집에서 먹는 밥은 아침뿐이었기 때문에 먹고 싶은 것은 모두 아침에 해결했다. 엄마는 원래부터 아침을 잘 챙겨주셨지만, 철없는 딸이 다이어트를 시작한 이후로는 아침마다 딸이 먹고 싶다는 것을 만들어내야만 했다. 엄마 덕분에 웬만한 것은 전부 아침에 먹을 수 있었다. 점심은 급식을 먹었지만, 저녁식사 시간은 6시부터였기 때문에 저녁은 굶었다.

습관을 형성할 때 의외로 효과적인 방법이 있다. 바로 가장 단순한 지침 한 가지를 무식하게 지켜내는 것이다. 5시 59분까지 먹을지언정, 아니면 새벽 5시에 일어나 삼겹살을 먹을지언정 저녁 6시가 넘으면 잠자기 전까지는 절대 아무것도 먹지 않았다. 단순하고 분명한 이 지침 한 가지로 10개월 동안 무려 18kg을 뺄 수 있었다.

1년도 안 되어서 꽤 많은 몸무게를 뺄 수 있었던 것은 내 몸무게가 88kg에서 시작했었기에 가능했다. 살이 좀 빠지고 나니 칭찬하는 분들도 많았다. 인물이 살아난다는 이야기도 많이 듣고, 비결이 뭐냐고 묻는 사람도 많았다. 그래봐야 70kg이었으니 절대 날씬한 몸매는 아니었지만, 그래도 기분은 좋았다.

이걸 평생 해야 한다고?

언제부터인가 야간자율학습시간에 집중력이 떨어지기 시작했다. 공부하기 싫은 마음도 있었지만, 자꾸 먹고 싶은 음식이 생각났다. 시간이 얼른 지나갔으면 하는 마음이 커졌다. 이 시간을 버티고 잠을 자고 나면 아침에 맛있는 것을 마음 편히 먹을 수 있다는 생각으로 하루를 보냈다. 문제집의 문제를 하나 풀기는커녕 온갖 잡다한 생각을 하면서 겨우겨우 시간만 때운 것 같다.

지금 생각해보면 원인은 저녁을 먹지 않은 데에 있었다. 배고픔에 집중력이 떨어졌고 야간자율학습은 비효율적일 수밖에 없었다. 하지만 그때는 애초에 저녁을 먹지 않아서 집중력이 떨어진 것이라는 자각이 없었고, 그것이 문제라는 생각조차 없었다.

그래도 살은 빠지고 있으니까 멈출 수가 없었다. 살을 다 빼고 나면 그 다음부터는 내 마음대로 먹으면서 살 수 있다는 생각에 매일 저녁을 버텼다. 그러다 친구 어머니의 한마디가 나를 무섭게 만들었다.

"한 번 저녁 6시 이후로 안 먹으면 평생 그렇게 해야 몸무게가 유지되는 거야."

나에게는 청천벽력이었다. 살을 다 빼고 나면 다시 맘껏 먹을 수 있을 것이라는 희망으로 참아왔는데, 이것을 평생 해야 한다고?

나를 관리한다는 말을 지금은 당연하게 받아들이지만, 그때는 무엇인가를 계속 절제하고 통제하는 삶이 왠지 재미없게 느껴졌다. 살이 빠지고 있으니 재미있는 것이고 끝이 있을 거라 생각하며 참는 것인데, 평생을 해야 한다는 말은 나를 옥죄는 것 같았다.

게다가 고3이 되면서 그런 생활을 계속할 순 없었다. 이제는 정말 공부를 해야 했고, 가족들도 잘 먹고 공부해야 한다면서 저녁을 굶는 나를 걱정했다. 어느 순간부터 마음이 풀어지기 시작한 나는 엄마의 저녁 도시락뿐만 아니라 밤 10시에 야식까지 먹으면서 고3 생활을 했다. 그리고 1년 만에 10kg의 요요를 맞이하게 되었다. 친구 어머니 말이 맞았다. 18kg이 빠진 상태를 유지하려면 저녁을 계속 먹지 말았어야 했던 것이다.

고3이니 어쩔 수 없었다고 스스로 합리화했다. 오히려 원래 몸무게에서 10kg이 더 쪘으면 어쩔 뻔했느냐며 스스로를 달랬다. 그리고 한 번 해보았으니 언제든 다시 살을 뺄 수 있을 것이라 생각했다. 그때의 나는 정말 긍정적이었나보다.

두 번째 다이어트
새로운 가능성

10개월간 18kg을 감량했지만 고3이 되면서 다시 80kg이 되었다. 1년 만에 다시 10kg이 찌는 것은 그 자체만으로도 스트레스였고, 기억을 못 할 뿐 폭식증을 겪었을지도 모르겠다. 덕분에 깡마름을 경험해 본 적 없이 늘 둥글둥글한 몸을 유지해왔다.

다이어트를 자주, 오랫동안 해온 사람들을 관찰해보면 정도의 차이만 있을 뿐 어느 정도 강박증을 가지고 있는 경우가 많다. 공부에 집중하는 게 최우선인 고3이라는 특수한 상황이 아니었다면 나역시 계속해서 무식하게 살 빼는 것에 집착하다가 폭식증을 일으켰을 수도 있다고 생각한다.

대학생 때는 줄곧 80kg대가 유지되었다. 한편으로는 아무리 살을 빼봐야 나의 최저 몸무게는 70kg이라고 스스로 한계를 지었던 것 같기도 하다. 그리고 하루에 정해진 스케줄 대로 움직이면 되었던 고등학생과는 달리 학교도 가고, 친구들과 놀아야 하고, 술도 먹고, 알바도 하는 자유분방한 대학생은 저녁 시간을 조절해서 먹을 수가 없었다. 솔직히 그렇게 하기가 싫기도 했다. 언제든 다시 시작할 수 있을 것이라 생각했던 나의 다이어트는 알고 보니 그때가 지난 이후에는 할 수 없는 방법이었다.

그렇다고 다이어트에 대한 욕망이 없었던 것은 아니다. 방학이면 엄마가 다니는 헬스장에 따라가서 에어로빅이나 달리기를 하면서 5kg을 감량하기도 했다. 하지만 다시 개학하면 원래 생활로 돌아가고, 뺀 것보다 더 많이 불어나는 생활의 반복이었다.

운동에 재미를 붙이다

헬스장에 다니긴 했지만 PT를 받은 것도 아니라서 운동기구를 전혀 사용할 줄 몰랐다. 그러다가 대학교 3학년 때 헬스가 취미인 선배를 알게 되면서 노하우를 전수받았고, 자연스럽게 나의 두 번째 다이어트가 시작되었다.

대학교 3학년, 스물두 살이 되니 어느 정도 내 시간을 조절해서 쓰는 것도 가능해졌다. 친구들과 술은 마실 만큼 마셔 봤고, 놀 만큼 놀아 봤고, 학교에서는 늙은이 취급을 받기 때문에 술자리도 줄어든다. 덕분에 수업이 끝나면 저녁에 헬스장으로 향하는 생활을 자연스럽게 이어갈 수 있었다.

운동기구 사용법과 운동 순서를 먼저 배웠다. 5분 동안 가슴, 등, 어깨, 팔, 다리 순으로 매일 운동을 하고 러닝머신 40분과 스트레칭으로 마무리하는 헬스장 운동을 알게 되었다. 따로 식단을 관리한 것은 아니었지만 저녁에 운동을 하기 위해서는 밥을 일찍 먹거나 운동하기 적합한 식사를 챙기는 게 편했다.

그러다 보니 자연스럽게 살이 빠지기 시작했다. 대학생이 된 이후 80kg 밑으로 내려간 적이 없었던 몸무게가 움직이기 시작한 것이다. 왠지 자신감도 생기고, 나도 날씬한 사람이 될 수 있을 것 같았다.

살이 빠지니까 용기가 생겼다

그리고 새로운 시도를 해볼 용기가 생겼다. 살이 빠지는 기세를 타서 그전부터 하고 싶었던 에어로빅 강사 자격증을 취득해보기로 한 것이다.

춤을 추고 싶었지만 늘 외모 때문에 숨어 있었다. 나는 춤을 추거나 무대에 오를 수 없는 외모라고 생각했다. 하지만 엄마와 함께 운동하러 다니면서 에어로빅 강사님을 알게 되고, 요즘 에어로빅은 옛날처럼 각 잡힌 동작보다는 댄스에 가깝다는 걸 알게 되면서 관심이 생겼다. 외모 때문에 포기했던 댄스를 에어로빅으로 해볼 수 있겠다는 생각, 그리고 강사가 되면 하고 싶었던 춤으로 돈까지 벌수 있겠다는 생각으로 시작하게 되었다.

두 번째 다이어트의 시작은 헬스였지만, 몸을 움직여야 취득할 수 있는 에어로빅 강사 교육을 받으면서 저절로 살이 빠지고 있었다. 이때는 일반 에어로빅 수업 한 시간에 교육 두 시간이 끝난 후 나머지 연습까지 하면서 활동량이 엄청났던 시기다.

처음에는 헬스장에 다니면서 하던 대로 먹는 것을 조절하려고 했다. 허기가 져도 살이 더 빠졌으면 하는 마음이 컸던 것이다. 하지만 워낙 움직이는 시간이 많아지니 나중에는 먹는 것을 제한하지 않아도 살이 빠졌다. 덕분에 먹고 싶은 것을 실컷 먹으면서 큰 스트레스 없이 즐겁게 생활할 수 있었다.

살면서 두 번째 다이어트를 하던 때가 가장 즐거웠던 것 같다. 새로운 꿈도 있었고, 먹는 것에 대한 제약도 없었기 때문이다. 평생 날씬해 본 적은 없지만 노력하면 살이 더 빠질 수도 있겠다는 생각을 처음으로 해보았다. 살이 빠지면서 선택할 수 있는 직업군이 늘어난다는 것도 즐거웠다.

다시 운동을 쉬었더니

무사히 자격증을 취득했지만, 더 이상 운동 쪽을 파고들지는 않았다. 휴학 없이 대학 졸업을 하기 위해 간간히 아르바이트만 했을 뿐이다. 활동량이 많고 먹는 것에 제약을 받지 않는 것은 좋았지만 발목 통증 같은 잔잔한 부상이 있었고, 막상 직접 해보니 좋아하는 것으로 돈을 버는 일은 또 다른 측면에서 힘들다는 걸 알게 된 것이다. 몸을 움직이고, 춤을 추고, 연습하는 생활은 참 좋았지만 이것이 직업이 되면 내 몸이 힘들 때도 참아야 한다. 지금 생각해보면 20대의 나는 작은 노력으로 편하게 살 방법을 쫓았던 것 같다. 그러다 보니 이것저것 시도는 많이 했지만 뭐 하나 진득하게 끝까지 해내지는 못했던 것 같다.

강사를 위한 교육생 생활이 끝나고 다시 평범한 대학 생활을 하면서 활동량은 줄어들었고, 몸무게도 야금야금 다시 늘기 시작했다. 활동량이 줄어드는 속도에 비해 먹는 양을 줄이는 속도가 따라가지 못했던 것이다. 그래도 완전 처음만큼 돌아가지는 않았고, 과체중의 통통녀 상태로 취업을 준비하면서 대학 졸업을 할 수 있었다.

세 번째 다이어트
'헬창'의 길

대학 졸업을 앞두고 고민이 많았다. 지금이야 회사에 취업을 한다고 모든 게 완성되는 건 아니라는 것을 알지만, 그때만 해도 취업만 하면 인생이 탄탄대로가 될 줄 알았다. 다른 일을 할 수도 있다는 가능성만 열어둔 채 책상에 앉아서 편하게 돈을 벌 수 있는 일을 찾아 취업 준비를 시작했다.

하지만 학교 성적도, 토익점수도 어정쩡한 지방대 공대 여학생에게 취업의 문턱은 높았고, 결국 경찰공무원 시험을 준비하게 된다. 내가 공부를 안 해서 그렇지 하면 잘 할 것이라는 근거 없는 믿음으로 공시생 생활을 시작했다. 하지만 역시나 쉽지 않았고, 그 해는 뽑는 인원마저 최저 수준이었기 때문에 첫 해에 있던 두 번의 시험에서 모두 떨어졌다.

첫 번째 시험과 두 번째 시험은 짧은 기간에 이뤄지지만 그 다음 시험은 다음 해 2월은 되어야 윤곽이 나오기 때문에 한두 달 정도 여유를 부릴 수 있었다. 자존감이 바닥을 친 상태에서 공부는 안 되고 의욕은 떨어지니 돌파구가 필요했다. 체력검정 준비도 할 겸 다시 헬스장에 가서 운동을 시작했다.

어느새 다이어트에 집착하고 있는 나

두 번째 다이어트를 하면서 헬스와 식단을 배울 때는 흉내만 내는 정도였다. 에어로빅 강사 준비를 했지만 그때는 식단이란 걸 아예 하지도 않았다. 하지만 세 번째에는 욕심이 나기 시작했다.

처음 운동할 때만 해도 운동과 공부를 함께 할 수 있다고 생각했다. 하지만 어느새부턴가 점점 공부보다는 운동과 다이어트에 빠져들기 시작했다. 공시생으로서의 시험공부는 당장 눈에 보이는 결과를 주지 못했지만 운동과 식단은 몸무게라는 즉각적인 피드백을 가져다 주기 때문이다.

다이어트를 하려고 시작한 게 아니라 체력검정 시험을 준비하려던 것이었는데, 어느새 나의 목적은 날씬한 몸과 다이어트로 변해 있었다. 아침저녁으로 헬스장에 나갔고, 무염에 가까운 저염식단을 지켰다.

먹는 양을 줄이고, 음식에 간을 하지 않는 것만으로 살이 정말 잘 빠졌다. 일주일에 1kg 빠지는 것은 일도 아니었다. 세 끼 중 한 끼는 닭가슴살 한 조각으로 때웠고, 밥을 먹을 때는 주로 야채쌈에 밥 반 공기만 먹었다. 나트륨이 많이 들어있는 김치는 입에도 대지 않았고, 국물 역시 같은 이유로 먹지 않았다. 엄마가 나물무침을 해주면 옆에서 간장이든 소금이든 적게 넣으라고 닦달을 했다. 어쩌다 가족들과 외식을 하게 되면 고기를 굽거나 한식 위주의 음식을 먹었다.

엄마가 정말 고생이 많았다. 딸의 입맛에 맞춰 요구하는대로 음식을 다 해주셨고, 외식을 할 때는 해물찜이나 한정식 등등 비싸고 좋은 음식을 사주려 하셨다. 하지만 소금을 피하기 위해서 무던히 노력하다 보니 그때는 그것도 굉장히 자극적으로 느껴졌다.

무염식은 절대 하지 마세요

이렇게 철저하게 운동과 식단 관리를 했으니 엄청 건강했을 것 같지만, 실제로 이때의 나는 운동하는 시간과 먹는 시간을 빼고는 누워서 생활을 했다. 그 당시에는 두통이 진짜 심했다. 이유도 몰랐다. 그냥 빈혈인 줄 알고 철분제를 사 먹고, 힘이 없어서 그런가 보다 했다. 나중에 알고 보니 극단적인 저염식 때문에 나트륨 칼륨 균형이 무너져서 그랬던 것이었다.

다이어트 이야기를 하면 나트륨과 지방은 나쁘기 때문에 무조건 피해야 된다고 이야기 하지만, 이 역시 우리 몸에 필요한 영양소들이다. 많으면 살이 찌지만 모자라면 생존의 문제로 직결된다. 현재는 나트륨에 대한 인식이 많이 개선되었기 때문에 보디빌더 선수들도 무염식단을 하지 않는 것으로 알고 있다. 내가 저염식단을 처음 알게 되었을 때만 해도 이것에 관한 정보는 많지 않았다.

무식하면 용감하다고, 그것도 모르고 나는 계속 무염의 식단을 고집했다. 이 시기엔 대체로 영양소들이 부족했고 탄수화물의 양도 제한되었으니 굉장히 예민했다. 돌발성 난청 증상도 있었다.

살은 뺐지만 건강하진 않았다. 먹을 때랑 운동할 때를 제외하고는 하루 종일 누워만 있었다. 머리가 너무 아팠고 힘이 없었다. 살이 빠진다는 것을 빼고는 즐거운 일이 없으니 다른 의욕도 없었다. 공부하고 준비해야 하는 공시생 시기에 다이어트에만 집착했다.

스물네 살이기 때문에 가능했던 생활이기도 했다. 엄마가 주는 밥 먹고, 빨래도 청소도 엄마가 다 해주시니 나는 그냥 누워만 있어도 되었다. 그때는 너무 철이 없었다. 엄마가 하는 일이 그렇게 많은 지도 모르고, 철없이 엄마도 나 따라서 하면 살이 빠질 텐데 왜 못하냐고 엄마를 타박하기도 했다.

사실 머릿속으로는 이미 알고 있었다. 이대로 살만 빼면서 누워서만 살 순 없었다. 하지만 자존감이 바닥으로 떨어져 있던 나에게 다이어트는 마지막 보루였기 때문에 도저히 쉽게 포기할 수는 없다. 하루아침에 '다이어트 끝, 원래 생활 시작' 이렇게 돌아설 순 없었기 때문에 나름의 고민과 갈등이 많았다.

하지만 다행인지 불행인지 나는 또 공부를 시작해야 했다. 그렇게 각종 건강 문제로 고생하다가 80kg이 넘던 몸무게가 59.8kg까지 내려간 것을 눈으로 확인한 후에야 나는 결국 다이어트를 접었다.

살은 빠졌는데 왜 행복하지 않을까

수험생이 공부를 하기 위해서는 탄수화물을 먹어야 한다는 것은 고3 때 경험으로 알고 있었다. 하루에 운동 두 번에 식사도 그렇게 조금씩 해서는 집중력이 제로(0)라 공부를 할 수가 없다. 공시생은 절대 이런 생활습관을 유지할 수 없었고, 그렇게 조금씩 원래대로 돌아왔다.

돌아가는 과정도 쉽지는 않았다. 처음에는 살이 찔까 봐 강박적으로 음식의 칼로리를 계산하고, 무조건 집에서 밥을 먹으려고 했다. 하지만 어느 순간부터 점점 마음이 풀어지면서 군것질과 폭식을 하게 됐다.

나름 믿는 구석도 있었다. 운동과 식단으로 살을 뺐으니 요요는 없을 것이고, 쪄봐야 5kg 정도 찔 것이라고 믿었다. 하지만 그럴 리가 없었다. 2년 만에 다시 88kg으로 돌아갔다. 고등학생 때 첫 다이어트를 시작했던 그 몸무게다. 그 오랜 시간 동안 나는 대체 뭘 한 걸까. 어떻게 뺀 살들인데 허무하고 답답했다.

하지만 지금 생각해보면 다른 외부적 요인으로 다이어트를 중단하게 된 것이 오히려 운이 좋았던 것 같다. 세 번째 다이어트 때에는 몸뿐만 아니라 마음도 건강하지 못했다. 살을 빼면 뺄수록 팔뚝과 배에 붙은 군살들이 눈에 거슬리게 늘어져 보였고, 내 몸에 체지방이란 체지방은 다 빠져서 사라져야 한다고 생각했다. 내 목은 왜 이리 짧고, 허리는 왜 이렇게 잘록하지 않은 것 같고, 엉덩이는 없는데 허벅지는 왜 이리 두꺼운 건지…. 살만 빼면 모든 게 좋을 줄 알았는데 오히려 내 몸 하나하나 스스로 트집 잡기에 여념이 없었다.

그나마 먹고 토하기 같은 미련한 행동을 하지 않은 게 다행이었다. 이때까지도 그런 방법이 있다는 걸 알지 못한 덕분에 폭식증이

나 거식증 같은 식이장애까지 겪지는 않았다. 하지만 살이 다시 찌는 것은 정말 두려웠다. 먹을 것이 없다는 사실이 늘 불만이었고, 먹을 것이 있어도 살이 다시 찔까 봐 두려웠다.

계속 뚱뚱했던 나는 평생 숙원사업이었던 다이어트에 성공했는데도 늘 불안했다. 살만 빠지면 모든 문제가 해결될 것 같았는데, 막상 가장 몸무게가 적게 나갔던 세 번째 다이어트 시기에 나는 가장 예민하고 우울했다.

그 뒤로 약 10년간 80kg대를 유지했다. 살을 좀 뺐다 싶으면 80kg대 초반, 관리를 못 했다 싶으면 88kg을 왔다갔다 했다. 사람들은 다이어트를 단기에 끝내서 드라마틱한 변화를 일으키며 사람들 앞에서 '짠!'하고 보여주고 싶어 한다. 경험해보니 알겠다. 불가능한 일은 아니지만, 그랬다가는 정말 금방 다시 돌아가게 된다.

어느 순간,
다이어트가 두려워졌다

　세 번째 요요를 겪을 당시에 나는 계속해서 내 몸을 부정하고 있었다. 누군가 살이 좀 찐 것 같다고 하면 "아니야, 나 살 안 쪘어!"라고 대답하고 다녔다. 그럴 때면 굉장히 예민하게 굴며 신경질을 부렸기 때문에 나에게 아무도 다이어트에 대해 이야기할 수 없었다.

　'나 절대로 살 안 찔 거야. 어떻게 뺀 살인데….'

　계속 이렇게 생각하면서 몸무게도 재지 않고, 거울도 똑바로 보지 않았다. 그렇게라도 나는 살이 찌지 않았다고 믿고 싶었다. 내 몸을 외면하면서, 철저히 부정하면서 살았다. 그러면서도 외식과 야식은 계속되었다.

사실은 이미 스스로 알고 있었다. 바지가 점점 안 맞는데 모를 수가 없었다. 그래도 계속 아니라고 부정만 하다가 결국 2년 만에 다시 원 상태였던 88kg이 된 것이다. 제일 처음에 다이어트를 시작했던 그 88kg까지. 지금 생각하면 당연한 결과이지만, 그 당시에는 그것조차 받아들일 수 없었다. 어떻게 뺀 살인데 이렇게 원점으로 되돌아와 버린 건지, 스스로가 원망스럽고 내 몸이 싫기만 했다.

다이어트를 하다가 그만두면 당연히 요요를 겪게 된다. 그 과정에서 몸도 마음도 다치게 된다. 다이어트를 시작했기 때문에 살 빼기에 성공하지만, 다이어트를 멈추는 순간 그로 인하여 살이 찌게 된다. 내가 먹고 있는 식단과 움직임에 맞춰서 내 몸은 계속해서 변화하기 때문이다.

"살찌지 않았어"라고 말은 했지만

힘들게 살을 뺐어도 유지가 안 된다는 사실에 실망해서 한동안 다이어트를 시작도 못 했다. 게다가 다이어트로 극심한 두통과 저혈당 증상을 겪었던 기억 때문에 다이어트 자체가 힘겹게 느껴졌다. 내가 성공해봤던 다이어트 방법은 하나뿐이었다. 하루 두 번 헬스장에 가서 운동하고, 나트륨과 탄수화물을 극단적으로 줄이는 것이다. 하지만 그러려면 밥 먹고 운동할 때 빼고는 계속 누워 있어야 된다. 그 생각에 다시 다이어트를 시작하기가 겁이 났던 것이다.

배고픈 소크라테스보다 배부른 돼지가 좋겠다며 합리화를 하기도 했다. 하지만 정말로 좋은 건 아니었다. 살이 찌면 찐 대로 허리통증과 두통이 있다. 거울과 체중계 때문에 스트레스와 우울감을 느끼기도 한다.

뚱뚱한 내 외모에 콤플렉스가 가득했던 10대 시절에는 살만 빠지면 모든 게 다 해결될 것만 같았다. 모든 사람들이 다 나를 예쁘다고 해줄 것 같고, 나를 좋아하는 사람이 생기고 연애도 할 수 있을 것 같았다. 그런 생각을 하면서도 정말로 살을 빼려는 노력은 안 했다. 딱히 방법도 몰랐었고, 그저 불만만 가득했던 시절이었다.

그때 정말 이해가 안 갔던 것이 있었는데 살 빼는 데 성공하고도 우울증이 와서 힘들어하다가 결국 다시 찐 주변 사람의 이야기였다. 의아했다. 살이 빠졌는데 왜 우울증이 올까? 나는 덩실덩실 춤추면서 뛰어다닐 것 같은데…. 역시 생각만 하는 것과 경험하는 것은 차이가 컸다.

그때는 막연히 살이 빠지면 좋겠다고만 생각했으니 구체적인 목표가 없었다. 그러니 살을 빼고 있어도 계속 힘들고 불만만 생겼다. 내 체질에 대해서도 원망스러웠다. 살이 잘 찌는 체질이면서 먹을 것은 왜 좋아하는 걸까, 남들은 나보다 더 먹으면서 살도 덜 찌던

데 왜 나만 이럴까 스스로를 괴롭히기만 했다.

지속할 수 없는 식단과 생활로 살을 억지로 빨리 뺐으니 번번히 나를 찾아오는 것은 요요였고, 그때마다 나의 노력이 배신당한 것 같아서 씁쓸했다. 살이 빠지면 빠지는대로 이것을 유지할 수 없을 것 같은 불안함이 나를 괴롭혔다. 이래저래 인생이 행복할 수가 없었다.

그래도 살은 빼고 싶었다. 가장 날씬했던 그 시기는 비록 힘들고 우울했지만, 동시에 아무 매장 옷이나 입어볼 수 있었고 스스로 당당했던 시기이기도 했다. 예쁜 옷도 입고 싶고 어떤 운동이나 활동을 해도 다른 사람 눈치를 보고 싶지 않았다. 하지만 방법은 꼭 바꿔야 했다.

내 몸을 괴롭히지 않고 너무 힘들지 않으면서 요요 없이 다이어트에 성공하려면 어떻게 해야 할까? 오랫동안 이 질문에 답을 찾기 위해 고민을 많이 했다. 그런데 지나고 보니 그 과정이 곧 요요 없는 나의 마지막 다이어트로 향하는 길이었다는 걸 알게 됐다. 이제부터 그 이야기를 해볼까 한다.

생애 마지막 다이어트,
이번엔 다르게

세 번째 다이어트를 마지막으로, 10년 동안 약간의 시도만 반복하며 5~6kg의 등락폭만 있었을 뿐 나는 여전히 80kg대를 벗어나지 못했다. 강렬했던 마지막 다이어트의 기억이 좋지 않으니 함부로 무리해서 다이어트를 하지 않았고, 그렇다고 다른 방법을 알았던 것도 아니니 이렇다 할 다이어트 스토리는 없었다.

그 사이에 나는 지금의 남편을 만나 3년을 연애하고 결혼해서 임신, 출산, 육아를 하는 주부가 되었다. 여자들이 가장 살을 많이 뺀다는 결혼식 때도 나는 세상 후덕하고 건강한 신부였다. 그렇게 살아도 괜찮았던 데에는 자존감이 높고 나의 외모와 상관 없이 '나'

라는 존재 자체를 인정하고 예뻐해 주는 지금의 남편 덕이 컸다.

일부러 그런 것은 아니지만 배고프면 짜증이 늘고 예민해지는 것은 어쩔 수 없다. 다이어트를 하면서 예민해지고 까탈스럽게 행동할 때면 남편은 "나는 너한테 한 번도 다이어트 하라고 한 적도 없고, 지금도 충분히 예쁜데 왜 그러는지 모르겠다"라고 이야기하는 사람이다. 가장 잘 보이고 싶은 사람이 늘 나에게 예쁘다고 말해 주니 외모 콤플렉스는 자연스럽게 좋아질 수밖에 없다.

그렇게 10년 동안은 몸무게가 어떻더라도 잘 지낼 수 있었다. 나를 강하게 괴롭히고 나아가 주변 사람까지 괴롭히는 다이어트를 할 필요가 없었던 것이다. 게다가 다이어트에 대한 관심은 늘 있지만 두 아이의 임신, 출산, 육아를 반복하다 보니 시간적 여유도 없었다.

세상 후덕한 신부지만 사랑하는 남편 덕에 외모 콤플렉스 제로 :)

육아에 지치고 나는 희미해지고

큰아이와 둘째아이는 23개월 차이가 난다. 시댁과 친정이 모두 멀어서 도움을 받을 수도 없는 상황이라 두 아이를 가정보육 하기로 마음먹었다. 갓난아기 둘째를 데리고 세살짜리 큰아이를 어린이집에 데려다주며 적응시킬 자신이 없던 것이다.

집에서 두 아이와 지지고 볶으며 밥과 간식을 챙기고 있으면 군 것질이나 자극적인 음식들만 계속 생각난다. 아이들 밥은 챙겨도 내 밥 챙겨 먹을 시간은 없고, 그럴 힘도 없다. 그래서 남편이 퇴근하기만 기다렸다가 함께 먹는 저녁이 유일하게 제대로 된 식사가 된다.

사람답게 먹을 수 있는 하루 한 끼를 하루종일 기다리다 보니 한 번에 많은 양을, 그것도 자극적인 음식으로 먹게 되었다. 아이를 챙기느라 진짜로 하루에 한 끼만 먹었다면 간헐적 단식의 효과라도 봤을 텐데, 제대로 된 끼니를 챙기지 못했던 것뿐이지 안 먹은 것은 아니었기 때문에 살은 계속 찔 수밖에 없었다.

이때는 몸이 엄청 뻣뻣하게 불어 있었다. 둘째 임신 당시에도 이미 몸무게가 많이 불었는데 출산 후 빠지기는커녕 계속 더해지고만 있었다. 운동도 못 하고 있었기 때문에 미운 물살들이 몸에 퍼져있었고 체력도 바닥이었다. 몸이라도 가벼우면 컨디션이 좀 나아질까 싶은 생각에 유명하다는 약을 비롯해서 각종 다이어트 광고의 유혹이 눈에 들어왔다.

육아를 하면서도 '나'라는 존재는 잃지 않고 싶었다. 그래서 일부러 '누구 엄마'보다 내 이름을 더 많이 사용하곤 했지만, 현실에서의 나는 그냥 아이들의 엄마일 뿐이고 그런 시간은 죽을 때까지 끝나지 않을 것 같았다. 그렇다고 육아라도 잘하면 덜 우울했을 텐데 육아도 잘 못하는 것 같고, 아직 말을 못 하는 아이들의 속도 잘 모르겠으니 짜증과 우울감이 하루하루 반복되었다.

저녁에 먹는 음식의 힐링도 오래가지는 못했다. 내 마음대로 되는 것은 없고, 몸은 무겁고, 짜증만 더 많이 나곤 했다. 나는 어떤 사람이었는지, 내가 무엇을 좋아했는지에 대한 것들은 점점 더 희미해지고 있었다.

내가 가장 하고 싶은 게 뭐지?

스스로 질문을 하고 그 질문에 답을 찾다 보면 문제가 해결되는 경우가 많다. 나 역시 그랬다. 내가 가장 하고 싶은 것은 무엇일까? 더 구체적으로 질문을 해보자면, 만약 돈과 시간과 공간의 제약이 없다면 가장 하고 싶은 건 무엇일까?

사실 이 질문은 내가 한창 첫째 육아에 정신없을 때 남편이 했던 것이다. 처음 이 질문을 받았을 때 나의 첫 대답은 "자동차로 미국 횡단 여행을 하고 싶다"였다. 20대 때 미국에 간 적이 있는데 그때 '언젠가는 자동차로 미국 횡단 여행을 꼭 하리라'는 다짐을 남겨 놓고 왔다. 그러고 나서 잊고 지내다가 둘째까지 낳은 후 육아에 완전히 지쳐 있을 때 문득 그 질문이 다시 떠올랐다. 그리고 이번에는 전혀 다른 생각이 들었다.

'아… 춤추고 싶다.'

원래 춤에 관심이 많았고, 에어로빅 강사 자격증까지 딸 정도로 춤과 무대에 대한 욕심이 있는 나다. 하지만 지금은 몸이 이만큼 불어 있고, 눈앞에 애들이 기어다니고, 내 마음대로 뭐 하나 할 수도 없는 상황이다. 그런 가운데 진짜 하고 싶은 게 무엇인지 생각하다 보니 계속해서 춤이 떠올랐다.

제임스 클리어의 책 『아주 작은 습관의 힘』에서는 하고 싶은 것이 있다면 그에 맞는 가치관을 먼저 정립하라고 한다. 나는 어떤 사람인지 한 문장으로 만들어 보는 것이다. 춤을 잘 추는 사람? 춤을 추고 싶은 사람? 나에게 어떤 문장을 붙였을 때 내 행동을 변화시킬 수 있을까? 그렇게 최종적으로 한 문장을 정했다.

'나는 춤선이 예쁜 사람이야.'

이렇게 정해놓고 나니 춤선이 예쁜 사람이 되려면 어떻게 해야 할지에 대해 생각하게 되고, 그런 사람이 되기 위해서 행동을 변화시키기 시작했다.

그렇다고 내 생활이 한 번에 바뀐 것은 아니다. 이 문장을 잊지 않기 위해 반복해서 읽고, 여기저기 써놓고, 틈틈이 보았다. 읽으며 행동하고 다짐하다 보면 언젠가 진짜로 그런 사람이 될 수 있을 것이라고 믿었다.

"나는 춤선이 예쁜 사람이야"

당시 내 몸무게는 88kg이었다. 참 징그럽게 따라다니는 이 숫자가 아무래도 나의 세트 포인트(set point, 뇌가 인지하는 적정 몸무게)였나 보다.

88kg의 몸으로는 내가 원하는 춤선이 나올 수 없다. 우선은 체지방을 낮추는 작업이 필요했다. 그리고 춤선이 예뻐지려면 스트레칭도 필요하다. 팔다리를 좀 더 예쁘게 꺾고 뻗어야 하기 때문이다.

이전의 다이어트가 외부적 요인에 의해 시작되었다면 이번에는 나의 내부적 동기에 의해 시작되었다. 일단 체지방을 조금 낮춰야 하고, 스트레칭과 댄스 기본 연습도 필요했다. 체력이 달리면 아무것도 할 수 없으니 어느 정도는 잘 먹어야 한다. 대신 체지방은 줄여야 하니 먹는 양을 서서히 줄여보자고 결심을 했다.

이전에도 희미해지고 있는 나를 다시 찾기 위해 살을 좀 빼야겠다는 생각을 하긴 했다. 하지만 바로 실천하기는 힘들었다. 막연하게 '살을 빼야지'라고만 생각하면 뒤에 따라와야 할 행동들은 뻔하다. 먹어도 되는 것과 안되는 것을 나누고, 운동은 얼만큼 해야 하고 …. 하지만 좋은 기억이 아니다 보니 좀처럼 행동으로 옮겨지지가 않았다.

다이어트가 아니라 '춤선이 예쁜 사람'이 되겠다고 결정하고 나서는 하고 싶은 행동들이 생겼고, 그 행동을 하다 보니 살이 조금씩 빠지는 기미가 보였다. 마구마구 먹다가도 '여기서 멈춰야 해. 나는 춤선이 예쁜 사람이잖아'라고 되뇌다 보면 숟가락 내려놓기가 조금은 쉬워졌다. '살을 빼려면 그만 먹어야 돼!'라고만 생각했을 땐 '이번만 먹고 다음 식사 때 덜 먹지, 뭐'라면서 숟가락 내려놓기가 안됐었는데 그때와는 전혀 달랐다.

그렇게 한두 번 성공을 하자 스스로 신기하고 뿌듯하기도 했다. 자기계발서를 보면 원하는 것을 백 번 쓰거나 백 번 외치라고 한다. 나에게는 그것을 쉽게 해주는 명확한 한 문장이 있었고, 이것이 스스로를 설득하는 데에 큰 도움이 되었다. 그래서 여러분에게도 같은 질문을 하고 싶다.

"당신은 어떤 사람인가? 어떤 사람이 되고 싶은가?"

다이어트 한 번 하는데 이런 심오한 고민까지 해야 하나 싶지만, 우리가 다이어트에 실패하고 요요가 오는 것은 어쩌면 이런 질문에 답을 해본 적이 없기 때문일지도 모른다. 다이어트를 지속해야 할 이유가 없기 때문에 포기도 쉽게 할 수 있다. 내가 되고 싶은 모습을 스스로 결정하고 나면 그런 사람이 되기 위한 행동은 따라오게 되고, 다이어트에도 가치관이 반영된다.

나는 이전의 다이어트들이 왜 실패했는지도 모른 채 늘 요요현상을 맞이했다. 다이어트에 있어서 어느 정도의 요요현상은 당연하다고 여기지만, 요요가 올 확률을 줄이는 방법은 분명히 있다. 나의 경우에는 스스로 어떤 사람이 되고 싶은지에 대한 답을 찾아가고, 그것을 자연스럽게 행동으로 옮긴 것이 그 방법이었다. 내 말에 동의한다면, 여러분도 생애 마지막 다이어트를 시작할 준비가 된 것이 아닐까.

6개월 이상, 딱 하나만 지속해보기

하루 한 번, 이것만큼은 지킬 수 있겠다 싶은 지침을 딱 하나만 정해보자. 지침은 단순하고 명료할수록 좋다. 저녁 6시 이후에는 음식 먹지 않기, 하루에 밀가루 음식은 한 번만 먹기, 달달한 커피는 하루 한 잔만 마시기 등등 무엇이든 좋다.

이때의 지침은 크게 어렵지 않으면서도 눈에 보일 수 있는 것이어야 한다. 그렇게 6개월만 꾸준히 지침을 지켜보자. 별 것 아닌 지침도 꾸준히 지키기가 쉽지 않다는 것을 알게 될 것이다. 여기에 성공하면 작은 성취감을 느끼면서 더 큰 성취에 도전할 수 있게 되고, 몸의 변화도 느끼게 될 것이다.

어떤 행동이 습관으로 자리 잡는 데에는 최소 66일이 필요하다고 한다. 좋은 습관을 온전히 내 것으로 만들려면 시간이 필요하다는 뜻이다. 나의 첫 다이어트는 저녁 6시 이후에 먹지 않기를 10개월간 지켜서 만들어낸 결과였다. 단순하고 별것 아닌 것처럼 보여도 6개월의 시간이 모이면 큰 힘을 발휘한다. 그러니 거창한 것 말고 충분히 지킬 수 있을 만한 것부터 시작하자. 성공하면 스스로에게 칭찬을 많이 해주는 것도 잊지 말자.

몸보다 먼저
마음을 비우다

"나는 춤선이 예쁜 사람이야"

"나는 춤선이 예쁜 사람이다."

내 마지막 다이어트의 시작과 유지의 힘은 이 문장에 있었다. 춤을 잘 추고 싶고, 춤선이 예쁜 사람이 되고 싶었다. 스스로 되고 싶은 사람의 모습을 하나의 문장으로 만들어서 계속 되뇌니, 실제로 그런 사람이 되기 위한 행동들이 따라오게 되었다.

사람마다 취향이 다르겠지만 내가 좋아하는 춤선에는 아이돌 같은 날씬한 몸이 필요하다. 그렇기에 살을 빼야 하고 스트레칭도 꾸준히 해야 했다. 운동이 지겨울 땐 케이팝 가수들의 안무를 따라하면서 운동을 대신했다.

『아주 작은 습관의 힘』이라는 책의 내용은 모든 영역에 적용할 수 있는데 나는 이걸 다이어트에 적용한 경우다. '나는 살을 뺄 거야'가 아니라 내가 어떤 사람인지를 먼저 결정하는 것이다. 어떤 사람이 되고 싶은지, 나는 어떤 사람인지를 정하고 내가 그런 사람인 것을 증명하기 위해 계속해서 작은 성취를 이루어내라고 한다.

　처음에는 이해를 잘못해서 '나는 적게 먹는 사람이야'라는 문장을 만들었다. 그런데 스스로를 '적게 먹는 사람'이라고 결정하는 순간부터 어차피 안 되는 게임이었다. 음식을 조금 먹는 것에서 도저히 만족할 수가 없었으니 작은 성취라는 것도 없었다. 게다가 '적게'라는 양은 상대적인 것이고, 문장 자체도 너무 제한적이라 그 다음의 행동을 유발시키기도 힘들었다.

　그래서 다시 만든 것이 '나는 춤선이 예쁜 사람'이라는 문장이다. 지금도 이 문장은 유효하지만, 여기에 한 줄이 더 추가되었다.

　"나는 춤선이 예쁜 사람이자, 요요 없는 건강한 다이어트에 대해 고민하고 경험을 나눠주는 사람이다."

　그리고 마찬가지로 이 문장을 스스로 증명하기 위해, 살만 빨리 빼버리는 다이어트가 아닌 건강하고 지속가능한 다이어트 환경을 만들고, 그러한 이야기를 글로 써서 전달하는 환경을 계속해서 만들고 있다.

　살이 빠지면 몸이 가벼워지고 통증도 줄어든다. 하지만 무조건 마른 몸이 되는 게 아니라 건강하고 행복한 다이어트를 하려면 잘 챙겨 먹어야 한다. 지금은 이것을 당연하게 여기지만, 나 역시도 처음에는 시행착오가 많았다. 식탐은 무조건 억눌러야 한다고 생각한 것이다. 그렇게 먹는 양을 줄이면 당연히 살은 빠진다.

어느 날은 살이 빠지고 있다는 사실이 좋으면서도 한편으로는 먹을 만한 음식이 없다는 게 우울하기도 했다. 비 오는 날 정신없는 육아전쟁 속에서 잠시 틈이 생기면 청양고추 듬뿍 넣고 끓여먹는 라면이 소중한 힐링 방법이었는데, 이제는 그렇게 하자니 다이어트가 실패할 것 같았다. 그렇다고 꾹 참고 있자니 내가 무슨 부귀영화를 누리겠다고 이러고 있나 싶은 마음에 우울감이 올라온다. 나중에 살이 좀 더 빠지고 나면 먹을 수 있으니 지금은 참자고도 생각해봤지만, 바로 지금 이 순간이 지나고 나면 똑같은 행복을 느낄 수 없을 것 같아 우울하기도 했다.

쉽게 살을 빼는 비법이 있으면 좋겠다. '너 자신을 알라(Know yourself)'고 여기저기서 말하지만, 도대체 내가 누군지 알아가는 것은 어렵다. 지속가능한 다이어트 방법을 알려준대놓고 "당신은 어떤 사람이냐"라고 묻는 이 책도 답답하게 느껴질지 모른다.

하지만 자신 있게 말할 수 있는 것은, 이러한 질문이 지금 당장 살을 많이 빼게 해주지는 않는 것 같아도 결국에는 당신이 실패 없는 다이어트에 성공하여 평생 유지하기 위한 비법이라는 것이다.

그러니 꼭 답해보길 바란다. 당신은 어떤 사람인가? 왜 살을 빼고 싶은가?

Before

After

인정하자,
나는 식탐이 있다는 걸

먹방이 대세인 요즘, 유튜버 '히밥'이나 '입짧은햇님'같은 대식가들의 영상을 보면 부러울 때가 많다. 먹고 싶은 것을 다 먹는데 그에 비해 살이 많이 찌는 것 같지도 않다. 먹고 싶은 것 다 먹으면서 가만히 있어도 살 안 찌는 사람들도 많은데, 나는 왜 먹는 족족 살이 찌는 것일까. 과거의 나는 내 체질을 참 많이 원망했다.

하지만 이런 사람들, 그러니까 정말 많이 먹지만 크게 살이 찌지 않는 사람들은 일반적인 경우가 아니라 정말 특수한 체질이다. 안타깝게도 나는 그렇지 못하다. 아마 여러분도 그렇지 않을까 싶다. 솔직히, 살찌는 것에 대해 고민하고 있다는 사실 자체가 이미 많이 먹어도 살이 안 찌는 체질은 아니라는 방증이다.

　무엇을 어떻게 먹든 배부른 만큼만 먹는 사람들은 대부분 살이 심하게 찌지 않는다. 반대로 나처럼 고도비만까지 가본 사람들은 눈앞의 음식이 없어질 때까지 먹는 경우가 많다. 예를 들어 도넛 한 개만으로는 감질맛만 나기 때문에 몇 개씩은 두고 먹어야 한다. 야식도 먹고 빵도 좋아하는데 살이 별로 찌지 않는 사람들은 대부분 도넛을 한 개만 먹는 게 가능한 사람이다.

나는 유튜버도, 연예인도 아니다

　우리는 보통 TV에 나오는 연예인들처럼 몸매 예쁘고, 군살은 하나도 없고, 복근은 선명한 그런 몸을 상상하면서 다이어트를 시작한다. 하지만 그런 몸을 가지기 위해서는 절대 도넛의 맛을 알면 안 된다. 피자, 치킨, 낙곱새도 마찬가지다. 요즘 방송에서 자주 등장하는 '소식좌' 연예인들이 얼마나 말랐는지를 보면 잘 알 수 있다.

　이런 것들을 평생 피하고 살 수 있을까? 생각해보니 나는 절대 그럴 수 없을 것 같았다. 먹고 싶은 것은 먹어야 한다. 잠시 참을 수는 있겠지만 그 욕구는 결국 폭발하여 폭식으로 이어지게 될 것이다. 이미 세 번의 요요를 통해 다 겪어본 일이라서 나는 나 자신을 너무 잘 안다.

부럽다고 해서 내가 그 사람이 될 수는 없다. 내 몸은 원래부터 그런 체질이 아니라는 것을 이제는 경험으로 안다. 그 많은 양을 먹을 수도, 소화할 수도 없고 먹으면 먹는대로 살이 찐다. 그럼에도 계속 먹는다면 내 몸이 어떻게 될지도 충분히 상상할 수 있다.

사람마다 소화할 수 있는 양이 다 다르다. 예를 들어 초코파이 12개가 들어있는 한 박스가 어떤 사람한테는 넘치는 양이지만, 누군가에게는 혼자 다 먹어도 소화가 가능한 충분한 양일 수 있는 것이다. 중요한 것은 내가 어떤 사람인지는 나만이 알 수 있고, 그 밸런스를 맞추는 것 역시 온전히 나에게 달려 있다는 것이다. 안타깝게도 나는 도넛을 한 박스는 먹어야 하는 사람이고, 그것이 쉽게 바뀔 것 같지는 않다. 이 사실을 온전히 받아들이는 데 10년 넘는 시간이 필요했다.

아마 유튜버나 연예인들도 모두 살이 안 찌는 특수체질은 아닐 것이다. SNS는 보여주고 싶은 것을 선별해서 보여줄 수 있다. 먹방 유튜버는 먹는 모습을 선별해서 보여줄 뿐, 굳이 운동하는 모습을 올리지 않는다. 하지만 다른 방송 인터뷰하는 것을 보면 그들도 나름대로 운동으로 관리를 한다는 것을 알 수 있다. 유튜버 히밥의 경우는 헬스를 좋아해서 하루 세 시간씩 운동을 한다고 하고, 입짧은 햇님은 밤에 먹고 새벽에 걷기 운동을 오래 한다고 한다.

유튜버는 우리가 보고 싶은 영상만 보여주고, 우리는 그것이 전부라고 생각하기 쉽다. 하지만 그들도 유튜버로서의 생활을 지속하기 위해 자신만의 패턴을 지키며 살아가고 있다. 그렇다면 나도 나만의 패턴을 찾아내야 건강한 생활을 지속할 수 있다.

지속가능한 다이어트를 하려면 내가 어떤 사람인지, 나의 체질은 어떤지를 분명히 알아야 한다. 도넛을 박스째 먹어야 만족하는 사람이 바디프로필 사진을 찍겠다고 극한 다이어트를 하면서 도넛에 대한 식탐을 참고 참다 보면 언젠가는 터지게 되고, 자신도 통제할 수 없을 만큼 계속 먹게 된다. 머리로는 '내가 왜 이러지' 하면서도 입과 손은 멈추지 않는다. 유튜브를 보면 바디프로필 촬영 후 요요현상과 이상증세에 관한 이야기가 많다. 이걸 보면 나만 그런 건 아닌 게 확실하다.

본능은 절대 억제할 수 없다. 그러니 죄책감을 가지지는 말자. 먹을 때 맛있게 먹고, 먹었으면 다음 끼니를 덜 먹으면 된다. 그리고 더 많이 움직이면 된다. 우리는 당장 하루만 사는 것이 아니다.

기준은 무조건 나

"너 살 뺀다고 했으면서 왜 이렇게 많이 먹어?"

이렇게 말하는 사람이 꼭 있다. 무시하자. 내가 이만큼 먹어도 괜찮다고 생각했으면 그냥 먹으면 된다. 그래서 살이 빠지지 않는다고 해도, 그건 내 사정이지 그 사람이 참견할 일은 아닌 것이다.

'춤선이 예쁜 사람'이 되겠다고 결심한 후부터 나는 다른 사람의 말이나 반응에 휘둘리지 않을 만큼 나를 아껴주고, 스스로의 결정을 존중하자고 마음먹었다. 물론 쉬운 일은 아니다. '나'라는 사람이 어떤지를 인정하고, '나'는 어떤 사람이 되고 싶은지에 대해 꾸준히 생각하면서 조금씩 익숙해지는 시간이 필요했다. 다른 사람이 "그렇게 많이 먹고 살이 빠지겠냐" 할 정도의 음식이라도, 내가 만족스럽게 먹되 조금 더 움직여 소화를 해주면 충분했다.

살이 빼고 싶은 거라면 어느 정도의 고통을 감내하더라도 노력해서 살을 빼면 되지만, 그것이 힘들었으므로 나는 마인드를 바꿔서 '괜찮아, 나는 건강한 돼지라도 되겠어, 지금은 그냥 돼지일 뿐이잖아'라고 생각하며 움직였다.

사람마다 다이어트를 하는 이유는 다르겠지만, 나는 잘먹고 잘사는 것이 1순위다. 즐겁게 먹고, 잘 움직여지는 몸을 만들어서 내가 좋아하는 것들을 하고 싶었다. 운동을 하기 싫으면 조금 덜 먹으면 되고, 반대로 먹는 것을 포기할 수 없다면 더 많이 움직이면 된다.

그러면서 몸은 자연스럽게 마음을 따라온다는 것을 배우게 됐다. 있는 그대로의 나를 인정하고 나의 체질을 알아가다 보니, 내가 기꺼이 포기할 수 있는 것과 즐거움을 느끼는 것이 무엇인지 구분할 수 있었다.

그걸 활용해서 별다른 괴로움 없이 조금씩 덜 먹고 더 움직일 수 있는 방법을 찾았다. '나는 해도 안 되나 봐'가 아니라 '내가 그래서 안 빠졌던 거구나'를 생각하게 됐다. 내 체질에서는 얼마나 운동을 해야 하고, 얼마나 먹으면 되는지를 끊임없이 내 몸에 실험했다. 그것은 나 말고는 아무도 알 수 없기 때문이다.

내가 아닌 타인을 부러워하면서 나를 괴롭히기보다, 나의 마음과 몸이 함께 건강할 수 있는 방향을 찾으려고 끊임없이 시도했다. 그러자, 서서히 살이 빠지기 시작했다.

몸무게를 목표로 삼지는 말자

꿈을 꿀 때는 명사가 아니라 동사로 꾸라는 말이 있다. 명사, 예를 들어 특정 직업을 꿈으로 정하면 목표를 달성한 후 생각했던 것과 달라 실망할 수도 있고, 삶의 의욕이 떨어질 수도 있다. 하지만 동사, 예를 들어 '많은 사람과 소통하고 싶다'나 '기부를 많이 하고 싶다'와 같은 꿈을 꾼다면 직업과 상관 없이 행복한 삶을 향해 나아갈 수 있다.

다이어트도 마찬가지다. '몸무게 ○○kg'을 목표로 삼으면 한 번 도달한 이후 마음이 풀어지기 쉽다. 목표 몸무게에 도달하지 못해도 문제가 된다. 조급한 마음에 잘못된 방법을 사용하면 체지방이 아니라 근육과 수분만 빠져서 건강을 해칠 수도 있다.

살을 뺌으로써 어떤 사람이 되고 싶은지에 대해 더 고민해보고, 그걸 이루기 위해 노력하자. 내가 다이어트를 2년 넘게 지속할 수 있었던 이유도 목표를 '춤선이 예쁜 사람'으로 정하고 노력한 덕분이다. 당신은 살을 뺀 후 어떤 사람이 되고 싶은가? 그걸 못 정한다면 다이어트는 반드시 실패한다.

내가 먹은 것은
무조건 내 책임

내가 어떤 사람인지도 생각해 보았고, 동기부여도 확실히 했는데 가족모임과 저녁약속이 줄줄이 잡혀 있다. 사람들을 만나면 왜 그렇게 다들 이것만 먹어보라고 하는지, 다이어트는 내일부터 하라는 분위기로 흘러가고 있다. 그러다 보니 어느새 또 예전과 똑같이 먹고 마시며 분위기 탓, 다른 사람 탓을 하게 된다.

그럼 내 탓은 없는 걸까? 그 음식을 먹기로 선택한 것은 나고, 먹은 것도 나다. 다른 곳에서 원인을 찾고 싶은 마음은 이해하지만, 내가 먹기로 한 것이지 남이 내 입을 벌리고 억지로 떠먹여 넣은 것들이 아니다. 그럼에도 왠지 자꾸 주변 분위기 탓, 다른 사람 탓, 음식 탓을 하고 싶다. 어쩔 수 없다. 우리는 사람이기 때문이다.

내 삶을 내가 책임진다는 것은 여러가지 의미에서 대단한 일이다. 버겁게 느껴져 피하고 싶기도 하지만 하나씩 하나씩 스스로 책임지고 문제를 해결하다 보면 삶의 태도까지 바뀔 수 있다. 벌어진 일에 대해 남 탓을 하고 불평불만만 이야기하던 때와 달리 안되는 것은 빨리 단념하고, 개선할 수 있는 것은 빨리 찾아서 바꿀 수 있다. 그러다 보면 인생의 통제권이 나에게 넘어오는 것을 느끼면서 성취감과 뿌듯함을 느끼게 된다. 그렇게 다음 문제를 해결하는 선순환이 일어날 것이다.

다이어트도 마찬가지이다. 내가 음식을 먹고 싶으면 먹는 것이고, 먹지 않는 것이 낫다고 판단되면 안 먹으면 된다. 누구 때문에 먹었다며 나중에 후회하는 것보다는 내가 먹고 싶어서 먹은 것이라고 생각하면 이미 벌어진 일에 대해 죄책감을 느끼기보다 빠르게 다음 단계로 넘어갈 수 있게 된다.

죄책감보다 책임감

다이어트가 평생의 과제인 이유는 먹고사는 문제와 직결되기 때문이다. 먹지 않고 살 수는 없다. 많이 먹는 날도, 좋지 않은 것을 먹는 날도, 몸에 좋진 않지만 기분이 행복해지는 음식을 먹은 날도 모두 내 선택에 따라 결정되는 것이다.

먹고사는 문제에 있어서 그렇게 하면 안 되고, 꼭 이렇게 해야 한다는 정답은 없다. 어쨌든 내 몸이다. 내가 먹은 것에 대해 책임을 지고 그 다음 행동을 하면 되는 것이다.

다음 행동이라고 하면 흔히 운동을 더 열심히 하는 것으로 생각하기 쉽지만, 솔직히 말하면, 먹은 것의 칼로리를 운동으로 다 털어낼 순 없다. 먹는 것의 칼로리는 생각보다 쉽게 올릴 수 있지만, 운동으로 털어내는 칼로리는 생각보다 높지 않다. 물론 그럼에도 꾸준히 운동을 해야 하는 이유는 기초대사량을 높임으로써 장기적으로 살이 덜 찌는 체질이 되고, 체력을 끌어올려서 활력적인 일상생활을 하는 데에 도움이 되기 때문이다. 하지만 운동만으로는 한계가 있기 때문에 평소에 식단을 조절하는 것은 중요한 문제다. 운동은 당연히 해야 하지만, 그와 함께 앞으로 과식을 하지 않기 위한 반성도 반드시 해야 한다.

기름진 음식을 많이 먹었다면 그 다음 끼니에는 조금 가볍게 먹어주면 된다. 전날 과식의 여파로 체중이 올라간 것은 아직 내 몸을 지나가고 있는 음식의 무게일 뿐이다. 당장 하루 만에 살이 되어 붙어버리는 것은 아니니 우울해하지 말고 오늘 조금 덜 먹으면서 조절하면 된다.

과식에 대해 죄책감이 느껴진다면 먹은 것에 대해 스스로 평가를 해보자. 맛있게 먹고 행복했는가? 음식에 집중을 했는가? 먹고 나서 속은 어떠한가? 과식을 했다고 느꼈으면서도 숟가락을 놓지 못했다면 왜 그랬을까? 이런 질문을 하며 평가를 해본다. 먹고 나서 속이 불편했다면 다음부터는 음식의 종류를 바꿔보자. 마지막 수저를 놓는 시점을 좀 더 당겨보는 것도 시도해보자. 좋은 경험과 안 좋은 경험을 기억해뒀다가 다음 식사계획을 세워보는 것도 좋다.

다이어트를 할 때 못 먹는 음식은 없다고 생각한다. 어떤 음식이든 먹을 땐 먹고, 조절할 땐 하는 게 지속가능한 다이어트를 위한 방법이다. 하지만 어떤 음식을 먹느냐에 따라 양 조절이 쉽거나 어렵다는 차이점은 있다. 더 먹고 싶은 음식도 있고, 먹어도 배가 안 부른 음식도 있기 때문이다. 나의 경우에는 스스로 양 조절이 쉬운 음식으로 적당한 양을 찾는 방법을 연습하고, 좋아하는 음식으로 실전연습을 하면서 나에게 맞는 양을 찾기 위해 노력했다.

하루 3번씩 나를 실험할 기회

이것을 기록으로 남기면 개선하는 데 더욱 유용하다. 식사는 오늘만 먹고 끝나는 것이 아니라 앞으로도 날마다 세 번의 식사 기회가 돌아온다. 그렇다면 내 몸을 가지고 여러 시도를 해볼 기회도 하루 세 번씩 날마다 돌아오는 것이다.

식단만 기록하는 것이 아니라 마음도 살펴야 한다. 내 몸이, 심지어 내 마음이 내 마음대로 되지 않을 때가 있다. 먹는 양 조절도 되지 않고, 자극적인 음식만 당기는 날도 있다. 아무리 스스로 결정해서 움직이기로 했어도 과식하는 날은 있다. 이미 먹어버린 음식의 종류와 양을 떠올리면 죄책감이 느껴지고, 괜히 생리 날짜까지 따져보며 호르몬까지 끌어와서 탓을 하고 싶어진다. 그렇다고 이미 먹은 것이 사라지는 것은 아니다.

그래도 괜찮다. 충분히 그럴 수 있고 자연스러운 일이다. 그럴 땐 내 마음을 들여다보자. 분명 잠이 부족하거나, 업무 때문에 피곤하거나, 이전에 강하게 욕구를 통제한 적이 있을지 모른다. 생존본능은 당연한 것이기 때문에 우리 뇌는 먹는 것을 억제당했을 땐 더 강하게 그것을 충족시키라고 명령을 한다.

먹고 싶은 욕구가 너무 강해서 도저히 참기가 어려울 땐 충족시켜주는 것이 낫다고 본다. 그것도 어설프게 충족시키지 말고 화끈하게 말이다. 충분히 만족했다면 그 후에 다시 조절해 보도록 하자. 단, 진짜로 내 몸이 필요로 하는 욕구가 너무 강할 때에만 해당하는 이야기다. 충분히 참을 수 있는 욕구인데 '어설프게가 아니라 화끈하게 충족시키는 게 좋다고 했지?'라는 핑계를 대다가는 망한다.

내가 진짜 원하는 것이 무엇인지 잘 관찰해보자. 살이 찌든 빠지든 '나'를 잃고 멘털이 흔들리면 아무것도 되지 않는다. 아무리 굳은 결심을 했어도 사람은 모든 일에 늘 열정적일 수 없기 때문에 무언가를 꾸준히 하고자 한다면 루틴(routine)을 만들어서 습관화를 해두는 것이 중요하다. 하나를 해결한다고 해서 모든 것이 해결되지는 않는다. 그렇기에 우리는 늘 균형을 잡는 연습이 필요하고, 삶은 끊임없는 실험의 과정이 되는 것이다.

조금 먹기 vs 많이 움직이기

덜 먹는 것이 쉬울까, 많이 움직이는 것이 쉬울까? 이것은 사람마다 다를 것 같다. 먹고 싶은 것을 양껏 먹으면서 운동을 하지 않아도 날씬하고 예쁜 몸을 가진 사람이 어딘가에는 있다. 하지만 그 사람이 나는 아니고, 아마 여러분도 아닐 것이다.

많이 잘 먹으면서 건강한 몸도 유지하고 싶다면 그만큼 많이 움직여야 한다. 많이 움직이기가 싫다면 그만큼 덜 먹어야 한다. 둘 다 가질 수는 없다. 아쉽지만 인정하고 선택해야 한다.

① 탄탄하고 멋진 몸을 위해서라면 먹을 것을 참으면서 다이어트 하겠다.

② 살집이 조금 있더라도 먹고 싶은 것을 먹으면서 적당히 다이어트를 하
  겠다.

  만약 이 둘 중에 하나만 골라야 한다면 여러분은 어느 쪽을 고
르게 될까? 한번 생각해 보자. 여러분은 먹는 것을 포기할 수 있는
사람인가, 움직이는 걸 포기할 수 있는 사람인가? 아마 두 번째를
선택하는 분이 많을 것 같다. 적어도 나의 이야기를 궁금해하는 분
이라면 말이다.

  첫 번째를 선택한 사람이라면 더 전문적인 운동지식과 식단정
보를 찾아서 본격적인 몸 만들기를 시도할 가능성이 높지 않을까
싶다. 반면 나는 나와 비슷한 젊은 엄마들과 공감하면서 생활의 밸
런스를 잡는 이야기를 하고 있다. 그런 나의 이야기에 공감하는 분
이라면 아마 나처럼 먹는 것을 포기할 수 없을 것이다. 나는 먹을 때
의 행복감과 힐링의 느낌이 좋다. 육아 때문에 힘들어 죽겠으니 먹
는 낙이라도 있어야 된다고 생각했다.

  그래서 운동부터 하기 시작했다. 식단 조절과 운동을 함께 하면
당연히 더 빠른 결과를 얻을 수 있겠지만, 뭐든지 지속하지 못하면
소용없다는 것을 나는 이미 많이 경험했다. 적게 먹고 많이 운동했
던 나의 예전 다이어트 방식은 효율이 좋았다. 살이 빨리, 많이 빠졌
다. 하지만 도저히 다시 시작할 엄두가 나지 않았다.

먹는 것은 그대로 먹되 일단 움직이기 시작하면 적어도 퍼져 있던 물살이라도 조금씩 정리되기 시작한다. 몸무게는 변화가 없어도 몸이 탄탄해짐을 느낄 수 있을 것이다. 운동을 꾸준히 할 자신은 있었지만 먹을 것을 포기하는 것은 자신이 없었기 때문에 느리지만 지속가능한 길을 택하기로 한 것이다.

일단 뭐라도 시작하자

본격적으로 운동을 하기 위해서는 남편의 협조가 필요했다. 처음엔 남편한테 아이를 맡겨놓고 저녁에 운동을 하러 갔다. 남편에게 미안해서 이렇게 해도 될까 싶었지만, 막상 운동을 시작하니 아이들과 잠시 떨어져서 나에게만 집중하는 시간이 나에게 활력을 주는 효과도 있었다.

일단은 내가 할 수 있고 좋아하는 것을 먼저 해보겠다는 마음으로 수영강습에 등록했다. 헬스가 아니라 굳이 수영을 선택한 이유는 정해진 강습 시간이 있기 때문이다. 헬스장은 정해진 시간이 없기 때문에 안 갈 핑계가 훨씬 많아진다. 게다가 수영은 수업이 매일 있는 게 아니기 때문에 남편에게 덜 미안할 수 있었다. 날마다 운동을 한다면 더 좋겠지만, 상황이 여의치 않다면 일주일에 두세 번이라도 시도하는 게 아예 안 하는 것보다 나을 것이다. 어떤 운동을 하든지 이왕이면 가깝고 가기 쉬운 곳으로 선택하는 것이 좋다. 일단 집을 나서야 운동을 할 수 있으니 말이다.

그때는 둘째를 낳고 6개월 정도가 지난 후였다. 사실 임신 전에는 매일 아침 수영을 다녔다. 그때는 영법도 빨리 늘고 체력이 늘어나는 게 몸으로 느껴졌는데, 출산 후 체력이 떨어진 상태에서 일주일에 두세 번 할까 말까 하다 보니 수영 실력이 영 늘지가 않아 재미가 없었다. 그래도 물살이 정리되고 몸이 조금은 탄탄해지는 느낌이라 열심히 다녀보려고 노력했는데, 점점 추워지는 날씨에 조금씩 뼈마디가 시리기 시작했다. 그러다가 감기가 유행하면서 수영을 쉬기로 했다.

이때 홈트(홈트레이닝)를 처음 해보았다. 유튜브나 인터넷에서 얻은 정보를 가지고 혼자 집에서 운동을 시작한 것이다. 처음 한 달은 어찌어찌 지속을 했다. 그러다가 아이들이 감기에 걸리고 나까지 옮아 지독하게 앓으면서 흐지부지하게 지나갔었다. 그러곤 석 달을 쉬었는데 체중에 변화가 없어 다행이라 생각했다. 하지만 체형은 말도 못하게 달라져 있었다.

살이 잘 빠진다는 '카더라' 운동은 실제로 별로 도움이 되지 않았다. 운동 자체의 효과가 문제가 아니라 꾸준히 하는 게 중요한데 재미없는 운동은 꾸준히 하기가 어려웠기 때문이다. 나는 혼자 운동하는 것보다 함께 운동하는 것을 좋아했고, 이왕이면 신나는 음악이 함께 하는 에너지 넘치는 운동을 좋아했다. 그런 운동을 찾아서 하는 게 좋겠다는 생각이 들었다.

어떤 운동이든 재미있는 게 최고

수영강습을 다녔던 곳에서는 10분 일찍 열리는 스피닝 수업이 있었다. 그 수업을 다니던 아는 언니가 정말 재미있다며 계속 추천을 하길래 한 번 가보자 했다.

처음 해보는 스피닝은 신나는 노래와 으쌰으쌰 하는 사람들 덕분에 분위기가 좋았다. 하지만 자전거 안장에 앉아있는 동안 엉덩이가 정말 아프고, 허벅지도 아팠다. 어떤 날은 무릎이 불편하기도 했다. 선생님은 처음엔 원래 그런 거라며 한 달 정도만 참고 해보라고 했다. 일단 그 말을 믿고 계속 다녀보기로 했다.

조금씩 재미를 찾기 시작했다. 나에게 맞는 자전거 세팅 방식을 찾아가고, 할 줄 아는 동작도 늘면서 재미있게 다니기 시작한 것이다. 그렇게 2019년 4월부터 스피닝을 시작했는데, 그해 7월까지는 고작 2~3kg 정도밖에 몸무게가 빠지지 않았다. 그래도 그게 어디냐고 생각하며, 건강이나 챙기자는 마음으로 계속 운동을 했는데, 놀

랍게도 11월에는 76kg까지 빠져있었다.

이후 아이들이 어린이집에 가기 시작하면서 다양한 운동을 시도해봤다. 필라테스나 헬스PT도 받아보고 줌바댄스도 해봤다. 평일에는 만 보씩 걷고, 수업이 없는 날은 홈트를 했다.

이런 식으로 꾸준히 유지해서 결국 얼마의 몸무게를 뺐다며 마무리하고 싶지만, 사실은 그렇지 못하다. 꾸준히 한다는 것은 정말 어려운 일이다. 겨울이 오면서 날씨가 추워지자 활동량이 많이 줄어들었다. 그러면서 식욕이 오르고 체중이 조금 따라 올라왔다.

하지만 예전처럼 다시 요요가 왔다며 좌절하지는 않았다. 나의 다이어트는 계속 진행중이니까, 운동은 다시 시작하면 된다. 체중 변화와 상관없이 몸의 라인과 수치는 계속 변동하는 것이다.

나는 먹는 것을 포기할 수 없어 운동을 시작했지만, 움직이는 것이 어려워서 먹는 것을 포기하는 사람도 있을 것이다. 무엇이 더 좋다고 할 수는 없고, 그냥 다를 뿐이다. 내가 더 잘 맞는 쪽을 정하면 된다. 다만 아무리 적게 먹는 데에 자신 있더라도 건강을 위해서 최소한의 걷기 운동 정도는 추천한다. 지금은 괜찮을지라도 나중에 나이가 들면 체력이 중요하니 말이다. 한 번 방식을 정했다고 해서 번복하면 안 되는 것도 아니다. 살다 보면 상황이 바뀔 텐데, 거기에 맞게 또 맞춰가면 된다.

재미있는 것은 두 가지를 따로 할 때보다 같이 맞춰갈 때 시너지가 난다는 것이다. 운동보다 식단이 체중 변화에 더 중요하다면 운동 없이 식단 조절만 하면 된다고 생각할 수도 있지만, 실제로는 운동과 먹는 것 중 어느 하나가 무너지면 다른 하나도 무너지기 쉽다.

그래서 새로 시작할 땐 내가 조금 더 자신 있는 것부터 습관으로 만들어 궤도에 올려놓은 후 나머지를 시도하면 더 좋을 것 같다. 나의 경우는 어느 정도 운동에 익숙해지면서 체력이 좋아진 상태에서 식단을 시작한 덕분인지 효과가 빠르게 나타났다.

운동과 먹는 것 중에서 어떤 것을 먼저 시작할지를 선택하는 것 역시 '나'에게 달려 있다. 그렇지만 거기서 끝나는 게 아니라 이후에도 또 여러 가지 선택은 계속된다. 선택의 다른 말은 포기라고도 한다. 하나를 선택함으로써 다른 것을 포기해야 할 수도 있는데, 사람들은 그것을 두려워하고 싫어한다. 포기한 것에 대한 후회와 미련 때문일 텐데, 선택한 것을 충실히 따라가다 보면 생각지 못한 즐거움과 재미를 만나게 될 수도 있다.

물론 식단과 운동 두 가지를 함께 하면 살은 더 잘 빠질 것이다. 하지만 빠르게 빼느라 지치면 소용이 없다. 지쳐서 아무것도 하지 않으면 변화도 없다. 지치지 않고 지속가능할 수 있는 것이 요요 없는 다이어트의 핵심이다. 욕심 내지 말고 천천히, 지금 당장 할 수 있는 것부터 조금씩 해보자.

먹으면 안 되는 음식이
어딨어?

　'핏블리'라는 유튜버가 있다. 원래는 헬스트레이너인데 힘들게
자신의 헬스장을 오픈하고 나서 바로 코로나 팬데믹이 터졌다고 한
다. 그 바람에 헬스장 문을 닫아야 했고, 운동을 하는 대신에 아무도
없는 헬스장에서 먹방을 시작하게 되었다.

　핏블리는 먹방을 위해서 세상에 태어나 처음으로 치즈볼이란
음식을 먹게 됐다. 헬스트레이너로서 몸 관리를 하기 위해 그런 류
의 음식은 아예 안 먹고 살았던 것이다. 그러다가 처음 맛본 치즈볼
의 맛은 닭가슴살과 비교도 안 될 정도로 놀라운 맛이었다. 그야말
로 눈이 돌아가는 수준의 생생한 반응과 표정 때문인지 그때부터

핏블리의 먹방이 인기를 끌면서 'BJ치즈볼', '타락헬창'이라는 별칭을 얻었다. 이후부터는 치킨이나 피자 같은 음식들을 헬스장에서 먹기 시작하며 인기를 끌었고, 최근에는 아예 도넛 전문점과 치즈 전문점을 오픈하기도 했다.

한 번 검색을 해보면 알겠지만 그의 몸은 예전에 비해 굉장히 커지고 달라졌다. 한창 트레이너 일만 할 때의 사진을 보면 굉장히 날카롭지만 요즘의 모습은 꽤나 후덕하고 친근한 느낌이다. 그래도 완전히 '타락'한 것은 아닌 듯하다. 먹방을 하면서 살이 찌면 다시 운동과 식단조절을 해서 살을 빼고, 살이 빠지면 다시 고칼로리 음식 먹방을 하는 창조경제를 실현하고 있다.

예전 연예인들은 신비주의라며 그 모든 것을 타고난 것처럼 이야기하는 게 일반적이었지만 요즘은 트렌드가 바뀌면서 연예인들도 어떤 노력을 하고 사는지를 알게 되곤 한다. 자기 관리를 잘 한다고 알려진 연예인들의 일상을 보면 운동부터 먹는 것까지 하나하나 신경 쓰지 않는 게 없다. 이상적인 몸을 가진 사람들은 그만큼 식욕을 참아내고, 꾸준히 운동하는 것이다. 결국 노력 없이 가질 수 있는 것은 아무것도 없다.

다행히도 우리는 연예인들처럼 몸을 드러내야 하는 직업이 아니다. 게다가 하루 24시간을 '연예인 식단'과 운동에 쏟을 만큼 시간적 여유가 허락되지도 않는다. 과거의 나는 그렇게 살아본 적도 있다. 엄마가 매니저처럼 하루 세 끼 식단을 챙겨줬고, 나는 운동만 하면 됐다. 하지만 지금의 나는 그게 가능한 철없는 20대도 아니고, 그런 다이어트의 부작용이 얼마나 큰지도 겪어봤다.

연예인이 아닌 나에게 가장 현실적인 방법은 내가 할 수 있는 생활의 선을 아는 것이다. 다이어트에 올인하는 생활이 아니라 일상생활의 밸런스가 필요하다. 남이 정해준 식단이 아니라 내가 평생 행복하게 유지할 수 있는 식단의 종류와 양을 알아야 한다.

나에게 맞는 식사 방법을 찾아서

20대 때는 모든 시간을 나에게만 사용할 수 있었는데, 엄마가 되고 나니 아이를 챙기고 살림과 먹거리를 책임져야 한다. 오롯이 나를 위해 사용할 수 있는 자원이 굉장히 제한적이다. 완벽한 식단 관리와 충분한 운동시간이 확보되더라도 그것을 지키는 것 역시 쉽지 않다. 그러니 너무 욕심을 내기보다는 할 수 있는 것부터 해나가는 게 좋다. 그러다가 여유가 생기면 조금씩 발전시켜나가도 충분하다.

살 빼기에 있어서 운동은 20%이고 먹는 것은 80%라고들 이야기한다. 먹는 양을 조절하지 않으면 체중은 잘 변하지 않는다는 것이다. 그렇다 할지라도 나는 스스로 바꿀 수 있는 것부터 선택하기로 했고, 쉽게 할 수 있는 운동부터 시작했다. 효율 따지고, 완벽한 계획 따지다 보면 아무것도 시작할 수 없다고 생각했기 때문이다.

그렇게 서서히 운동에 적응이 되고 기초체력과 몸의 정렬이 많이 좋아지고 나서 '이제 먹는 것을 조절해 볼까?' 하는 생각이 들었다. 딱히 식단관리에 대해 아는 것이 없었으므로, 일단 밤에 먹지 않는 것부터 시작했다. 가장 늦은 타임에 수영강습을 받고, 집에 오면 10시가 가까웠기 때문에 아무 것도 먹지 않고 배가 고픈 채로 잤다.

식단과 관련해서는 스스로에게 다양한 실험을 해봤다. 과일식, 간헐적 단식, 비건식, 밀가루 끊기 등 관련 책을 읽으면서 공감했던 식단, 내가 해 볼만 한 식단은 일단 시도해봤고 나에게 맞는 방식을 찾아 조금씩 변형도 시도했다. 식단과 식사량을 조절하면 체중도 눈에 띄게 줄었다가, 원래의 식사로 돌아가면 체중도 조금 따라 올라왔다. 확실히 운동은 보조의 역할이 강했다면, 식사 조절을 할 때 체중의 변화가 더 잘 느껴졌다. 식단에 대한 구체적인 경험은 뒤에서 다시 한 번 이야기해보려고 한다.

기록의 힘은
생각보다 세다

꾸준함과 지속가능성에 대해 계속 이야기하지만 나도 처음부터 그런 사람은 아니었다. 내가 꾸준함의 중요성을 알게 된 건 '엄마표 영어' 덕분이다. 처음부터 책 육아와 엄마표 영어 교육을 할 생각은 아니었다. 단지 내가 영어를 못하는 이유가 어렸을 때부터 영어 소리를 충분히 듣지 못해서가 아닐까 생각했기 때문에, 아이에게는 일찍부터 영어 소리를 들려주려고 했었다.

그래서 영어 그림책과 영어 노래로 아이가 익숙해지도록 하고, 일주일에 한 번 인터넷 카페에 활동을 인증하는 노부영(노래로 부르는 영어동화) 프로그램을 시작했다. 하루에 단 몇 분이라도 영어CD

를 틀고 아이와 함께 그림책을 봤다. 거창하지 않은 활동이지만 돌 전부터 꾸준히 진행을 했다.

36개월까지는 한국어도 영어도 이렇다 할 발전이 없어 보였다. 그런데 40개월 즈음부터 말이 터지더니 그간의 노력이 헛된 것이 아님을 알게 됐다. 가르쳐주지 않은 영어도 곧잘 해서 엄마를 깜짝 깜짝 놀래키곤 했던 것이다.

꾸준함을 유지하는 데에 큰 도움을 준 것은 기록이다. 처음에는 인터넷 카페에 인증만 했고, 그 흔한 육아일기나 블로그도 하지 않았다. 하지만 한두 줄이나마 꾸준히 기록을 하다 보니 나와 아이를 객관적으로 볼 수 있어 좋았다.

꾸준함과 기록의 힘을 알아갈수록 체계적인 기록이 필요하다고 느꼈고, 그렇게 블로그에 기록하기 시작했다. 다이어트 기록 역시 그렇게 시작되었다.

매일 체중 재기, 매월 결산하기

마지막 다이어트를 결심한 것은 2019년 초였지만 시행착오를 한참 겪다가, 생활 패턴이 어느 정도 자리 잡기 시작한 것은 7~8월 이 되면서부터였다. 이때부터 몸무게를 계속 기록하고 블로그에도 기록을 남겼다. 그리고 한 달에 한 번씩 결산을 했다.

시작 몸무게는 88kg이었고, 목표체중은 57kg이었다. 특별한 이유는 없었지만, 내 키가 167cm니까 그 정도 몸무게면 예쁠 거라고 예전부터 막연하게 생각했기 때문에 정한 목표였다. 57kg이 된 후 60kg을 넘기지 않도록 유지하면 평생 요요 없는 다이어트에 성공할 것이라고 생각했다.

기간 제한도 두지 않았다. '언젠가는 도달하겠지'라는 느긋한 생각으로 다이어트를 했다. 조급해지지 않기 위해 책과 유튜브로 식단과 운동의 이론을 찾아보면서 공부했다.

몸무게는 아침 공복에 화장실을 한 번 다녀와서 재는데, 전날 먹은 음식에 따라 아직 소화되지 않은 음식이 몸무게에 반영되기도 하고, 짜게 먹은 다음 날은 그 음식들이 몸 안에 수분을 많이 붙잡아 두고 있어 몸무게가 더 많이 반영되기도 한다. 몸무게를 기록할 땐 스마트폰 어플이 좋은데, 어떤 어플이든 상관없다. 몸무게를 측정해서 저장하고 그래프만 볼 수 있으면 충분하다. 요즘은 체중계와 어플이 바로 연동되어서 따로 기록할 것 없이 몸무게를 재면 바로 저장되는 것도 있다.

처음엔 이 다이어트를 얼마나 지속하게 될지 몰라서 비공개로 포스팅하다가, 할 수 있다는 자신감이 붙고 나서는 공개 포스팅으로 전환해서 몸무게 그래프를 공개했다. 2019년 7월 달력을 보면 몸무게가 84kg 근처에 있다. 중간부터는 82.8kg으로 줄었고, 2020년이 되면서 64.4kg까지 내려왔다. 2021년에는 64~65kg 사이를 계속 왔다갔다 하고 있다. 마이너스 25kg을 달성한 2021년 3월부터 지금까지는 몸무게가 큰 변화 없이 유지되고 있다. 여행이나 잦은 약속으로 신경을 덜 쓴 주간에는 그래프가 다소 들쭉날쭉 하지만 큰폭으로 움직이지는 않는다.

처음엔 몸무게 때문에 그날의 기분이 좌우되기도 했다. 빠지면 기분이 붕붕 뜨고, 찌면 마음까지 무거워지는 것이다. 그렇다고 체중 재는 것을 빼먹기 시작하면 계속해서 현실을 회피하게 되고 체중이 어디까지 올라갈지 모른다. 그래서 아침에 일어나자마자 화장실 다녀와서 몸무게를 재는 습관을 만들었다.

몸무게 때문에 기분이 많이 상하고 힘들어질 것 같으면 일주일에 한 번, 한 달에 한 번만 재는 것도 괜찮다. 다이어트에 대한 여러 이론을 공부하면서 몸무게에 일희일비할 필요가 없다는 걸 알고는 있지만, 나 역시 몸무게가 올라가면 맘이 상하고 떨어지면 기분이 좋은 것은 어쩔 수 없다. 하지만 이것이 강박으로까지 이어진다면 차라리 몸무게 재는 것을 멈추는 게 낫다.

많이 먹었다고 해서 바로 다음 날 살이 찌는 것도 아니고, 몸무게가 어제와 똑같다고 해서 살이 안 찌는 것도 아니다. 예민해지고 화만 늘어나는 인위적 식단 조절로 목표체중을 달성한다고 해도,

그 생활을 유지하지 못하면 요요는 무조건 오게 된다. 요요 없는 다이어트에 성공하려면 생활 자체가 바뀌어야 한다.

식단 기록

지인 중에 먹는 것을 좋아하지만 살이 안 찌는 사람들이 몇몇 있다. 대체 비결이 뭔지 쭉 관찰해보니 나랑 비슷하게 먹는 것 같지만 훨씬 천천히 먹고, 배가 부르면 더 이상 먹지 않고 숟가락을 내려놓는다는 걸 알았다. 보통 살이 쪄서 힘들어하는 사람들은 음식을 빨리 먹고, 자기가 먹을 수 있는 양보다 음식을 많이 시키고, 배가 불러도 눈앞에 음식이 사라질 때까지 숟가락을 놓지 못한다. 나 역시도 그랬다.

스스로의 식습관을 객관적으로 살펴보기 위해서는 식단 기록이 중요하다. 타임스탬프나 시중에 나와 있는 다양한 어플을 이용하여 내가 먹는 모든 것을 사진으로 찍어서 확인해보자. 생각보다 많은 양을 수시로 먹고 있을지 모른다. 인간은 망각의 동물이기 때문에 기록을 하지 않으면 안 된다. 내가 먹은 것을 한 발 떨어져서 봐야 차이점을 알 수 있는 것이다. 이러한 경험이 데이터로 쌓이면 다음부터는 행동을 계획하고 지킬 수 있다.

내가 먹은 모든 음식을 사진으로 찍어놓고 보면, 몸이 유달리 붓고 무거울 때 먹은 음식은 확실히 티가 난다. 짠 음식이나 바깥 음식을 많이 먹으면 몸의 컨디션도 같이 떨어졌다. 반대로 컨디션이 좋고 몸이 가벼울 때는 확실히 부지런하게 집밥을 챙겨 먹었을 때가 많았다.

나는 몸이 무겁고 컨디션이 안 좋다 싶으면 먹은 것들의 기록을 한 번씩 돌아본다. 그러면 크게 의식하지 못했는데 먹은 음식의 패턴이 바뀌었음을 자각하는 경우가 많다.

2021년 9월 식단기록(일부)　　2021년 10월 식단기록(일부)

왼쪽은 2021년 9월의 식단이고, 오른쪽은 2021년 10월의 식단 중 일부다. 과일과 집밥이 주를 이뤘던 과거와 달리 최근에는 외식이 많았음을 알 수 있다. 외식을 하면 맵고 짠 음식을 먹게 되고, 그 다음에는 달달하고 시원한 아이스크림이 따라오게 마련이다. 집밥을 먹을 때 과일과 음식의 미세한 맛을 구분하던 혀는 자극적인 음식 때문에 금방 둔해지면서 음식 고유의 맛보다는 점점 더 자극적인 것을 찾게 된다.

블로그나 SNS를 활용하자

기록이나 인증을 잘 못하던 나에게 블로그는 훌륭한 연습장이었다. 물론 과거의 내 기록은 실수투성이에 뭔가 제대로 하지 못하는 모습이라 부끄럽지만, 그런 모습이 있었기에 지금에 내 모습도 있을 수 있다고 생각하기로 했다.

여전히 실수도 많고 남에게 잘보이고 싶은 마음도 꽉 차있다. 하지만 남에게 잘보이기 위한 영상과 기록은 어느 순간 의미를 잃고 지쳐서 금방 손을 놓기 쉽다. 부담감을 버리고 그저 하루하루 기록하고 남겨놓다 보면 과거보다 좋아진 오늘의 기록을 만날 수 있게 된다.

그리고 음식 사진을 찍어서 인터넷에 올릴 때의 부수적인 효과가 있는데, 찍기 귀찮아서 안 먹는다거나 오늘은 사진을 너무 많이 올린 것 같아서 그만 먹게 되는 경우도 있다는 것이다. 남의 시선에 좌우될 필요는 없지만, 그러면서도 전혀 의식하지 않을 수는 없는 게 인간이다.

먹은 것을 블로그나 SNS에 기록하는 것이 귀찮다면 그냥 사진으로만 남겨놔도 괜찮다. 어쨌든 사진첩에 들어가면 다 남아 있고, 자주 들여다볼 수 있기 때문이다. 무슨 기록이든 자기 객관화에 도움이 되기 때문에 내가 하기 편한 방법을 선택해서 꾸준히 하는 것이 중요하다.

시간이 흐르면 이것이 쌓여서 성과라는 보상이 반드시 따라오게 된다. 지금 못하는 것들을 너무 부끄러워할 필요가 없다고 생각한다. 이 순간이 지나면 현재는 곧 '비포(before)'가 되고, 나에겐 '애프터(after)'의 모습이 기다리고 있다. 지금 눈에 보이는 변화가 없다고 좌절하거나 포기하지 말자. 내가 포기하지만 않는다면 누구나 애프터의 모습을 만날 수 있다.

몸무게보다 사이즈,
숫자보다 만족감

사실 내가 몸무게 못지 않게 신경 쓴 부분은 사이즈 변화였다. 똑같은 몸무게라도 근육이 없는 물살이면 몸이 퍼져서 건강해 보이지 않고, 몸무게는 좀 나가더라도 근육이 많으면 몸이 더욱 탄탄하고 예뻐 보인다.

하지만 사람은 숫자가 있는 정보를 객관적이고 직관적인 지표로 받아들인다. 눈으로 보기에 내 몸이 아무리 괜찮아진 것 같아도 실제 몸무게 변화가 없다면 재미없게 느껴지기도 한다. 사이즈 재기는 이럴 때에 좋다. 눈으로 보이는 숫자가 있기 때문이다.

처음 2년 동안은 귀찮다는 핑계로 사이즈 재기를 계속 미루었다. 어쩌면 그때는 몸무게 변화만으로도 재미를 느껴서 그랬을지도 모르겠다. 그러다가 나중에는 한 달에 한 번씩 허리와 허벅지를 재 보았는데 세 번째부터는 눈에 띄는 변화가 보여 신기했다.

반드시 정확한 사이즈를 재지 않더라도, 어느 순간부터 내 몸이 조금씩 바뀌고 있다는 생각이 들면 다이어트에 더더욱 재미가 붙기 시작한다. 체중은 크게 변하지 않았는데 유난히 배가 들어간 것 같 고 전체적으로 내 몸이 마음에 들 때가 있다. 기계로 체지방을 확인 하는 인바디가 아니라, 내 눈으로 확인하는 '눈바디' 만으로도 효과 를 확인할 수 있는 것이다.

인바디도, 눈바디도 정확한 건 아니다

우리집에는 전신거울이 없다. 아이들이 놀다가 쓰러뜨릴까 봐 일부러 두지 않고 있는데, 그래서 운동하러 갈 때 전신거울이 보이 면 사진을 찍는다. 2021년 4월부터 2021년 7월 초까지는 아이들을 기관에 보내서 편하게 운동하고 잘 먹었던 시기이다 보니 눈바디가 가장 좋았다. 그러다가 아이들 방학이 시작된 후에는 배와 허벅지 가 조금 두꺼워진 느낌이다.

물론 구체적 수치를 알려주는 인바디도 중요하다. 우리가 급격히 살을 빼기 위해 음식량을 줄이면 체지방보다 먼저 골격근과 물이 빠져나가게 되는데, 인바디를 측정하면 그런 변화를 더 정확히 알 수 있다.

요즘은 가정용 인바디 기계가 잘 나오지만 굳이 살 필요성까지는 못 느껴서 운동할 때 가끔 재보곤 한다. 언젠가 한 번은 살이 이만큼 빠지고 운동도 꾸준히 했으니 인바디 수치가 잘 나오겠지 하며 올라갔는데 골격근량에 비해 체지방이 더 나오는 것을 보고 '아직 멀었구나' 했던 기억이 있다.

다만 인바디 역시 언제나 정확한 것은 아니므로, 골격근량에 너무 집착하지는 말자. 몸에 수분이 얼마나 있느냐에 따라 수치가 조금씩 다르게 나올 수 있다고 한다. 반면에 수분량에 영향을 덜 받는 체지방량은 정확한 편이라고 하니 참고하면 좋을 것 같다.

숫자를 활용하되 집착하지 말 것

인바디든 눈바디든, 어떤 방법으로 스스로를 체크하고 관리해도 상관은 없지만 강박과 집착은 내려두자. 나를 관찰하고 예뻐하고 사랑해주자. 마음이 편할 때 살도 더 잘 빠진다.

앞으로도 내 마음이 다치지 않는 선에서 매일 몸무게 재기는 계속될 것이다. 몸무게를 재지 않으면 나도 모르게 먹는 양이 점점 늘면서 살이 찔지도 모르고, 그런 불안감 때문에 오히려 체중계에 올라가는 것 자체가 더 힘들어질 것이기 때문이다. 정확한 내 상태를 모르면 관리도 할 수 없다.

그럼에도 나를 가리키는 숫자는 단지 숫자일 뿐이라는 것 역시 잘 알고 있다. 작은 성취를 위해 숫자를 활용하는 것은 좋지만, 그 숫자가 내 모든 것을 나타낸다고 여기지는 않으려고 한다. 목표 숫자가 있는 것은 좋지만 거기에 도달하려고 수단과 방법을 가리지 않는다면 도달 이후의 삶이 행복할 거라는 보장은 없을 것이다.

어떤 방식으로 나를 측정하든 꾸준히 할 수 있고 기분이 나쁘지 않게 조절할 수 있는 방식을 찾자. 물론 가장 좋은 것은 측정하는 숫자와 상관없이 나를 있는 그대로의 예쁜 존재로 받아들이는 것이다.

다이어트 말고
'몸의 미니멀리즘'

무인 아이스크림 가게에 갔더니 내가 무척 좋아하는 아이스크림이 있었다. 반가운 마음에 한 개 사먹고 다음 번에 갔을 때는 몇 개를 사서 냉동실에 넣어두었다. 매운 음식을 먹고 나면 달달한 아이스크림이 당기는 법. 역시나 냉동실에 아이스크림이 있으니 고민 시간이 길지 않다. 바로 하나 꺼내 먹는다. 양심에 너무 찔릴 때는 밥 대신 아이스크림을 먹고 때우기도 했다. 남은 아이스크림을 다 먹고 나서야 겨우 유혹에서 벗어날 수 있었다.

우리는 역사상 가장 풍요로운 시대에 살고 있다. 모든 것을 집 근처에서 쉽게 살 수 있지만, 그 수고로움도 귀찮아서 집에 쟁여놓곤 한다. 하지만 먹지 않아도 될 음식이 눈앞에 있는 순간 아무 생각 없이 먹게 되는 게 사람이다. 많이 사놓을수록 한 번 먹을 것을 두 번, 세 번 먹게 된다.

코스트코에 가면 물건을 대용량으로 사게 되지만 그에 비해 가격은 정말 저렴하다. 가성비를 따지다 보면 싼값에 유혹되기 쉽다. 라면은 한 개씩보다 멀티팩이 더 싸고, 멀티팩보다 박스가 더 싸다. 어차피 먹을 음식이라는 생각이 들면 싸게 산 내 자신이 더더욱 뿌듯하다. 그래서 한 번 가면 무엇이든 많이 사오곤 했는데, 그게 습관이 되다 보니 결혼한 후에도 한 번에 장을 많이 봐서 냉장고에 음식을 쟁이게 되었다. 냉장고에 음식이 떨어지면 불안할 정도였다.

이 습관을 바꾸는 데 몇 년이 걸렸다. 그나마 육아와 코로나 팬데믹 때문에 장보는 횟수가 줄어들자 다시 한 번에 사다가 쟁이는 버릇이 나오다가, 지금은 많이 좋아졌다.

쟁여두면 먹게 된다

필요할 때마다 사러 나가서 한 번 먹을 양만 사오는 것은 귀찮기도 하고 비싸게 사는 것처럼 느껴지기도 한다. 과일 같은 것들은 박스째로 사면 싸다. 하지만 가공식품은 보관기간이라도 긴데 과일

같은 신선식품은 보관기간이 짧기 때문에 부지런히 먹지 않으면 상해서 버리는 경우가 많다. 그렇게 따지면 박스째로 사는 게 꼭 싸다고 말하기는 힘들 것 같다. 싸다고 잔뜩 사서 내 입에 넣으면 나는 그 살을 빼느라 힘과 시간이 들고, 상해서 버리면 음식물 쓰레기로 버릴 때 돈이 든다. 이래저래 이중으로 손해다.

게다가 눈에 보이고, 남은 양이 많다고 생각하면 굳이 안 먹을 것도 하나 더 먹게 된다. 빵, 라면, 초코파이, 씨리얼 등을 떨어지지 않게 많이 사다 놓기도 했는데 그러면 이런 것들을 밥보다 더 자주 먹게 된다. 간식을 먹지 말자는 이야기가 아니라, 진짜 먹고 싶을 때 조금만 사서 먹자는 것이다. 집에 음식을 쟁여두는 습관을 고치는 것만으로도 간식 먹는 횟수가 줄어드는 것을 느낄 수 있을 것이다. 배달음식을 시키기 전, 마트에 가기 전 냉장고를 한 번 들여다보자. 이른바 냉장고 파먹기를 해보는 것이다.

불필요한 건 덜어내자

다이어트를 생각하다 보면 자연스레 미니멀리즘까지 생각이 이어진다. 생각해보면 다이어트라는 것 자체가 우리 몸에서 불필요한 것을 덜어내고 꼭 필요한 것들만 남겨서 잘 쓰는 것이니, 미니멀리

즘과 본질적으로 크게 다르지 않은 것 같다. 조금 귀찮고 불편하더라도 건강한 라이프스타일을 추구하는 것도 그렇다.

쟁여진 물건이나 음식들은 공간까지 차지하기 때문에 물건을 쟁이는 습관을 버릴수록 우리 집에 여유 공간이 더 생긴다. 물론 나는 아직 멀었다. 집에는 아이들 장난감과 사이즈별 옷들과 아이들 간식이 가득하다. 그런데 아이들을 관찰해보면 집에 간식이 있다는 걸 알 때 더 자주 간식을 찾곤 한다. 눈에 보이기 때문이다.

생각해보면 아이들 간식을 쟁여두는 행동은 결국 내가 편하자고 하는 것 아닌가 싶기도 하다. 간식이 없어도 먹고 싶다고 하면 사러 나가긴 하지만 그나마 덜 먹게 된다. 게다가 이제는 아이들도 "내일 같이 사러 가자"라며 협상을 할 수 있을 만큼 컸다.

미니멀리즘이 일종의 생활습관이듯이 다이어트도 그렇다. "나는 먹는 게 없는데도 살이 쪄요", "난 물만 먹어도 살이 쪄요"라고 말하는 사람이 많다. 나도 내가 그런 체질인 줄 알았다. 그렇지만 뼈를 때리는 다이어트 명언 중에 이런 게 있다.

"만약 물만 먹어도 살이 찐다면, 무엇을 물처럼 먹고 있는지 생각해보라."

다이어트라는 습관을 성공적으로 자리 잡게 하려면 먼저 자기 객관화가 필요하다. 내가 관찰한 바에 의하면 크게 살찌지 않는 사람들은 다이어트 할 때 꼭 해야 하는 것들을 원래부터 습관으로 가지고 있었다. 음식을 천천히 먹고, 기름진 음식보다 담백한 음식을 좋아하며, 위가 꽉 찬 느낌을 그닥 좋아하지 않았다.

30년 넘게 가지고 있던 습관을 한 번에 바꿔버리는 것은 쉽지 않다. 그렇게 평생 관리하라고 하면 다이어트 자체에 질리기 쉽다. 그렇다고 계속 그냥 살자니 내 몸이 버겁다. 허리가 아프면 살이 쪄서 그런 것 같고, 피곤하면 몸이 무거워서 그런 것 같다. 모든 사람이 연예인처럼 날씬할 필요는 없지만 건강을 위해서 내 몸을 덜어내고, 불필요한 습관을 덜어내는 '내 몸의 미니멀리즘'을 추구해보는 것도 좋을 것 같다.

가까운 거리를 걸어다니면 활동량이 늘어난다. 눕는 것보다는 바른 자세로 앉거나 서 있는 것이 좋다. 자세를 의식적으로 바로 세우려고 노력하면 관련 근육들이 계속 사용되면서 운동이 된다. 음식은 이왕이면 신선한 것으로 먹자. 공장에서 나온 것보다는 자연에서 온 것이 좋다. 영양소가 부족하다고 알약을 챙기기보다는 자연에서 나온 음식을 골고루 먹는 것이 좋다.

무엇이든 한 번에 바꾸기는 어렵다. 의식적으로 해야 하는 일들이 많아질수록 몸의 저항은 커지고 하기 싫은 마음도 커질 것이다. 그렇다면 너무 욕심을 부리지 말고 할 수 있을 것 같은 것 딱 한 가지부터 실천해보자. 그 한 가지가 별 것 아닌 것 같아도 꾸준히 하다 보면 하나의 좋은 습관으로 몸에 남는다.

식탐을 못 끊겠으면 일단 운동부터

단기간에 완벽한 다이어트를 해내고 싶지만 그럴 수는 없다. 모든 일에는 순서가 있는 법이다. 한 번에 많은 것을 바꾸려면 많은 에너지가 들고, 우리 몸과 뇌는 금방 지쳐서 나가떨어진다. 에너지가 적게 들면서 효율적으로 바꿀 수 있도록 한 번에 하나씩만 변화를 시도해보자.

나에겐 그것이 운동이었다. 식단은 아무래도 바꾸기가 어려워서 일단 운동부터 시작한 것이다. 그나마 매일 하기도 힘들어서 처음에는 일주일에 두세 번 수영장에 가는 것부터 시작했다. 당장 눈에 띄게 살이 빠지지는 않았지만 생활 패턴이 바뀌면서 활력이 생긴다.

식단 관리를 어려워하는 사람들이 많은데, 그렇다면 일단 운동부터 시작하기를 추천한다. 식단 관리 없이는 살이 빨리 빠지지 않지만, 그렇다고 아무것도 안 하는 것보다 분명히 변화에 가까워질 것이다. 할 수 있는 것부터 하나씩 바꿔나가는 것이 지속가능한 다이어트와 탈다이어트의 첫걸음이다.

다이어트는
목적이 될 수 없다

　　다이어트가 지긋지긋한 이유는 힘들게 노력해서 뺐는데 다시 허무하게 요요가 오기 때문이다. 이번에는 노력을 헛되이 하지 않도록 요요 없는 다이어트, 지속가능한 생활습관에 초점을 맞추기로 결심한 건 그 때문이다.

　　수십 년을 살아오면서 자연스럽게 형성된 생활습관이 하루아침에 바뀌는 것은 사실상 불가능하다. 그래서 중요한 건 '나'에게 지금 있는 것을 정확히 아는 일이다. 내가 어떤 것을 좋아하는지, 무엇을 할 때 행복한지, 좋아하는 것을 위해 어디까지는 포기할 수 있는지를 스스로 알아가야 한다.

대부분의 사람들이 '나는 왜 다이어트가 안 될까?'라고 생각하지만 '나는 어떤 사람일까?'라는 생각은 하지 못하는 것 같다. '왜 다이어트가 안 될까'라는 질문의 답을 찾고 싶다면 그냥 다이어트를 하면 된다. 적게 먹고 운동하면 살은 빠진다.

하지만 그 생활을 자꾸 피하고 싶은 이유는 재미가 없어서이고, 그것은 내 마음과 정신을 건강하게 챙기지 못하기 때문이라고 생각한다. 운동하고 나면 식욕이 생기고, 더 많이 먹게 되는 것은 당연하다. 그 당연한 현상을 가지고 누군가가 정해놓은 다이어트 방법의 기준에 맞지 않는다며 나의 감정을 무시하면서 스스로를 괴롭히지 말자.

주변 사람들 모두가 다이어트를 하고, 자꾸 누군가가 다이어트를 하라고 하니까 시작한 것이라면 그 다이어트는 지속되기 힘들다. 마음 한 구석에서는 사실 하기 싫은 마음이 크기 때문에 '오늘까지만 먹고 내일부터 할래'라는 생각이 든다. 그렇게 한 번 먹다 보면 다이어트는 시작하기도 전에 실패하고, '나는 왜 이 모양이지? 이번 생은 글렀나?' 하고 자책하면서 악순환에 빠지게 된다.

목표를 바꿔보자. 남이 아닌 내가 만족하고, 무엇을 하든 나를 위해서 하는 것으로. 어차피 사람들은 내가 살을 빼면 "뭐하러 빼느냐"고 뭐라 할 것이고, 살이 찌면 "왜 그렇게 살이 쪘냐"고 뭐라고 할 것이다.

모두가 자기 기준에서 이야기를 하기 때문에, 나는 내 기준에 맞춰 살면 된다. 다른 사람이 좋다는 음식이 아니라 내가 필요한 음식을 먹고, 남이 좋다는 운동이 아니라 나에게 잘 맞는 운동을 하면 된다. 다른 사람이 아닌 나를 만족시키는 게 중요하다는 믿음으로, 이번에는 요요 없는 생애 마지막 다이어트가 될 거라는 믿음으로 시작했다.

꿈을 이루기 위해, 다이어트는 거들 뿐

재미있는 것은 내가 원하는 꿈을 이루기 위해 가장 필요한 것은 결국 건강이라는 점이다. 예쁘고 멋진 사람이 되어 인생을 즐기고 싶어서 열심히 살을 뺐지만 건강하지 않다면 인생을 즐길 수 없다. 나의 세 번째 다이어트가 실패했던 것도 그 때문이다.

몸이 아프면 아무것도 하기 싫어지고, 아무것도 할 수 없게 된다. 한 번 아프고 나면 회복이 되더라도 체력이 완전히 돌아오는 데까지는 한참의 시간이 걸린다. 건강하기 위해 하는 운동도 체력이 부족하면 꾸준히 하기가 쉽지 않아진다. 나이가 들수록 더 그렇다. 이십 대 때는 조금 덜 먹고 덜 자도 괜찮았지만 30대, 40대, 50대가 되면 가만히 있어도 피곤하다. 체력이 떨어지니 꾸준히 운동하기도 어렵고, 그러면 아프기도 쉽고, 아프면 더더욱 아무 것도 할 수 없다.

우리는 하고 싶은 것을 하기 위한 필수조건이 건강이라는 사실을 너무 쉽게 잊어버린다. 몸무게 1~2㎏ 더 빠지는 것은 크게 의미가 없다. 내 몸이 얼마나 건강하고 체력이 얼마나 따라주느냐가 더 중요하다. 살을 빼는 것만이 목적이라면 운동을 하다가도 '좀 덜 빠져도 괜찮지 뭐'라는 생각을 하게 되지만, 체력과 건강이 나의 미래를 바꾼다는 생각을 하게 되면 운동을 게을리하기 어렵다.

'내일부터' 하면
반드시 망한다

"하얀 코끼리를 생각하지 마세요."

이 말을 듣는 순간 우리 머릿속에는 하얀 코끼리의 모습이 둥둥 떠다니게 될 것이다. 우리 뇌는 부정어를 받아들이지 못한다고 한다. '생각하지 마라'라는 명령어를 받아들이지 못하기 때문에 그저 하얀 코끼리만 남는 것이다.

많은 사람들이 "오늘까지만 먹고 내일부터 다이어트 하겠다"는 말을 한다. 내일부터는 이것도 못 먹을 테니 오늘 더 야무지게 먹는다. 떡볶이 한 줄, 빵 한 조각이라도 더 먹어야 될 것 같고 지금 당장 치킨을 시켜야 될 것 같다. 밤 12시가 넘기 전에 야식도 한 번 더 시키고 싶다.

여기에 "야, 다이어트는 원래 내일부터 하는 거야!"라고 옆에서 부추기는 경우도 있다. 그렇게 '내일의 나야, 다이어트를 부탁해'라며 오늘은 실컷 과식을 하게 된다. 그리고 다음날이 되면 먹던 관성이 있으니 나도 모르게 먹게 되고, 다이어트는 다시 '내일부터'가 된다. 우리는 과연 내일부터 다이어트를 할 수 있을까?

다이어트를 해야겠다고 마음 먹었다면 그냥 오늘, 바로 지금부터 시작하는 것이 좋다. '다이어트 시작하면 이거 못 먹을 텐데'라고 생각하는 순간부터 모든 음식들이 떠오르기 시작할 것이기 때문이다. 지금 시작하지 못하는 것은 나중에도 시작하지 못한다.

귀찮고 힘든 것은 계속 미루고 싶은 게 사람 마음이다. 마감기한이 정해진 일은 그나마 마지막 날 몰아서라도 겨우겨우 하게 되지만, 라이프 스타일이나 인생목표에 대해서는 마감기한을 스스로 정해주지 않으면 끊임없이 '내일'이 반복된다.

완벽할 필요 없다

나는 주기적으로 12일간의 밀가루 끊기 기간을 가지고 있다. 그런데 처음 밀가루 끊기를 시작할 때에는 끊기로 한 날이 다가올수록 은연중에 밀가루 음식을 더 찾아 먹게 되는 경험을 해왔다. 늘 먹던 관성 때문이다.

그런데 이 관성이라는 것은 반대의 경우에도 작용한다. 밀가루 끊기 기간인 12일이 지나면 그 이후에도 한동안은 밀가루로 만든 가공식품을 잘 안 먹게 된다. 역시나 안 먹던 관성 덕분이다.

우리는 잘하려고 하는 생각 때문에 오히려 일을 미루게 될 때가 많다. 잘하려고 하니까 신경써서 갖춰야 할 게 많고, 그러자니 할 일이 많아지면서 귀찮아지고 미루게 된다. 다이어트도 마찬가지다. 완벽한 식단 관리를 하려고 하니까 자꾸만 '내일부터'를 외치게 되는 것이다.

완벽하지 않아도, 잘하지 않아도 된다. 처음에는 배부를 때 숟가락 내려놓는 연습부터 시작해도 충분하다. 그 다음에는 많이 먹고 난 후 다음 끼니를 조절하는 것, 산책과 스트레칭으로 소화에 신경 쓰는 것 등 하나하나씩 실천을 늘려가면 된다. 내일이 아닌 지금부터, 큰 것이 아닌 작은 것부터 하는 것이다.

나 역시도 처음부터 잘하려고 할 때보다 일단 시작하고 조금씩 다듬어갈 때의 성과가 더 좋았던 것 같다. 비록 요요를 겪긴 했지만, 한 번 했다 하면 10kg 이상씩 체중을 감량했던 경험을 생각해보면 공통점은 '언제부터'가 아니라 그냥 그 순간부터 시작해서 조금씩 수정해 나갔다는 점이다.

이후에도 그랬다. 프로젝트 하나를 끝냈을 때의 휴식이 너무 달콤해서 다음 프로젝트를 미루기도 했지만, 하나하나 프로젝트를 추가할 때마다 조금씩 성장할 수 있었다.

다이어트뿐만이 아니다. 영어공부, 글쓰기, 자기계발, 자격증 등 하고 싶은 것이 있다면 내일부터가 아니라 지금부터 시작해야 한다. 지금 시작하지 않은 것은 내일도 시작하지 못하니까 말이다.

식탁과의 전쟁

세상에 나쁜 음식은 없다

면요리를 참 좋아했다. 그 중에도 특히 짬뽕을 좋아했다. 중국집에 가면 한 번도 메뉴를 고민한 적 없이 그냥 짬뽕이었다. 그리고 짬뽕을 먹을 때면 당연히 탕수육이랑 함께 먹어야 된다고 생각했다. 짬뽕 한 그릇만으로는 괜히 허전한 느낌이 들었다.

반대로 남편은 자장면을 좋아한다. 굳이 탕수육을 먹지 않아도 자장면 곱빼기를 시켜 찐하게 한 그릇 즐기는 것을 좋아한다. 연애할 때는 당당하게 곱빼기를 시키는 남편을 보며 부럽다는 생각을 하곤 했다. 나는 살면서 한 번도 곱빼기를 시켜본 적이 없었다.

왜 그랬을까? 어릴 때부터 큰 덩치를 자랑하다 보니 다른 사람들과 함께 먹는 자리에서는 주눅이 들고 눈치가 보였기 때문이다. 그렇게 많이 먹으니까 살찐 거라고 누군가 속으로 생각하고 있을 것만 같았다. 그렇게 눈치 보면서 양껏 먹지를 못하다 보니 편한 사람들만 있거나 집에서 먹을 때는 폭발적으로 먹기도 했던 것 같다.

곱빼기가 먹고 싶다고 왜 말을 못하니

결혼을 하고 나서 짬뽕 곱빼기의 신세계를 알았다. 예전에는 짬뽕을 먹을 때면 몇 번 먹은 것 같지도 않은데 면이 줄어들어서 아쉬웠지만, 곱빼기는 아무리 실컷 먹어도 계속해서 면이 나왔다. 정말 신기하고 즐거운 경험이었다.

내가 짬뽕 곱빼기를 먹는다고 해서 남편은 이상하게 생각하거나 많이 먹는다고 놀리지 않았다. "먹고 싶으면 그냥 먹는 거지"라고 이야기한다. 덕분에 다이어트를 다시 시작하기 전까지 우리는 중국집에 가면 늘 짬뽕 곱빼기 한 그릇, 짜장면 곱빼기 한 그릇, 그리고 탕수육 소짜를 클리어하곤 했다.

짬뽕에 대한 갈망이 그때 다 충족된 것인지 이제는 보통 짬뽕도 한 그릇을 다 먹지 못한다. 대신 요즘은 면보다 밥이 좋아져서 주로 짬뽕밥을 먹는다. 우리가 기회 될 때 많이 먹으려고 하는 것은 어쩌면 충족되지 못한 내 마음에 대한 보상심리가 아닐까 생각해본다. 내가 먹고 싶은 양, 먹을 수 있을 만큼의 양을 충분히 즐겼다면 '지금이 기회다'라면서 과식하거나 폭식하지 않았을지 모른다. 그럴 필요가 없기 때문이다.

다이어트 한답시고 먹고 싶은 것을 꾸역꾸역 참다 보면 언젠가는 터지게 된다. 내가 생각해도 너무하다 싶을 만큼 많이 먹는데, 그러면서도 부끄러우니까 혼자서 가득 놓고 먹게 된다. 그러곤 후회를 한다.

'내가 왜 그랬을까…. 이번 생에 다이어트는 글렀구나….'

이것을 반복하지 않기 위해서는 위장만 채우는 식사가 아니라 머리와 마음을 만족시켜줄 수 있는 식사가 필요하다.

다이어트 식품의 함정

25kg을 빼기 위해서 나는 무엇을 먹었을까? 이상하게 들릴지 모르겠지만, 나는 뭐든지 잘 먹었다. 나는 다이어트를 하면서도 이 음식은 먹으면 안 되고, 저 음식만 먹어야 한다는 식으로 정해놓지 않았다. 먹으면 안 될 음식을 정해 놓으면 왠지 그 음식이 더 당기고, 이것만 먹어야 한다고 정해 놓으면 왠지 그 음식은 더 지겹게 느

껴지는 게 인간의 묘한 심리다.

다이어트 할 때는 덜 먹고 굶는 것보다 중요한 것이 잘 챙겨 먹는 것이라고 생각한다. 이때의 '잘 챙겨 먹는 것'은 많이 먹는다는 뜻이 아니다. 먹는 양을 줄이되 영양소 생각을 더 많이 해야 한다는 뜻이다.

다이어트를 시작할 때 가장 많이 구매하는 것이 닭가슴살이다. 생닭가슴살을 사서 직접 칼집을 넣고 소금, 후추, 올리브오일 등을 곁들여 바로 구워 먹으면 좋다. 남은 닭가슴살은 한 번 먹을 만큼 소분해서 냉동실에 넣어두었다가 사용하면 된다. 요즘은 냉동된 닭가슴실이나 닭안심살도 있어서 필요할 때마다 한두 개씩 꺼내어 해동 후 조리해 먹으면 된다.

그리고 사실 이런 방법보다는 이미 조리 후 낱개포장되어 판매하는 닭가슴살을 이용하는 사람들이 많을 것이다. 요즘은 맛도 다양하다. 종류도 닭가슴살로 만든 소세지, 스테이크, 한입볼, 핫도그, 텐더 등등 다양해서 질리지 않고 바꿔가며 먹을 수 있다. 가격도 많이 비싸지 않아서 무료배송이 될 정도의 양을 한 번에 주문해서 냉동실에 넣어두면 유용하다. 아이들 밥 챙겨준 후 내 밥을 따로 차리기 귀찮을 때 하나 꺼내서 전자렌지에 돌려서 먹으면 든든하다.

하지만 이제는 이런 시판용 닭가슴살을 냉동실에 쟁여놓고 있지 않다. 나도 사람인지라 피곤할 때면 냉동실에 먼저 손이 가는데,

일부러 그러지 않으려고 하기 때문이다. 다이어터인 나는 왜 시판용 닭가슴살과 거리를 두려는 것일까?

사실 다이어트 하면 닭가슴살이 떠오르긴 하지만, 그밖에도 다이어트 음식은 많다. 저칼로리 디저트, 다이어트 곤약떡볶이, 노밀가루 빵, 한끼용 곡물 셰이크 등 시중에는 다이어트에 도움이 된다는 식품들이 널려있다. 다이어트 중인데 떡볶이를 먹으면 죄책감이 들지만, 칼로리를 낮추었다는 곤약떡볶이는 먹어도 괜찮을 것 같다. 진짜 괜찮을까?

우리는 대부분 가공식품을 먹는 것이 몸에 해로울 수 있다는 생각을 한다. 그런데 유독 '다이어트'라는 이름을 달고 있는 식품에 대해서는 관대하게 생각하는 경향이 있다. 일반 식품보다 단백질 함량이 높고 천연재료를 사용했다고 하지만, 다이어트 식품도 결국은 가공식품이다.

오히려 낮은 칼로리와 높은 단백질 함량을 강조하는 제품일수록 성분표를 꼭 챙겨봐야 한다. 똑같은 맛을 내면서 칼로리는 낮은 식품이라면 설탕이 아닌 다른 대체재가 들어가는 것일 텐데, 설탕 대체재 중에는 장시간 복용하면 신경전달물질에 영향을 주어 단것을 더 당기게 하고, 장기적으로는 다이어트를 방해하는 것들도 많다. 칼로리 관점에서만 보면 설탕 대체재가 나을 수 있지만, 건강과 몸무게를 조절하는 것은 칼로리뿐만이 아니다.

음식을 골고루 잘 먹어야 튼튼해지고 건강해진다는 이야기를 어릴 때부터 많이 들었을 것이다. 영양실조는 음식을 잘 먹지 못했을 때 온다고 생각하기 쉽지만, 특정 음식만 계속 먹었을 때도 영양 불균형으로 인한 영양실조가 올 수 있다. 다이어트를 하겠다면서 자연식재료보다 가공된 다이어트 식품에 지나치게 의존하면 영양 결핍이 생길 수 있다. 나는 살만 빠지는 다이어트가 아니라 건강한 다이어트를 추구하는 사람이다. 가공된 시판용 닭가슴살을 일부러 사다 쟁이지 않는 데에는 이런 이유가 있다.

대신 과일과 채소를 즐겨먹으려고 노력한다. 과일과 채소는 비싸고 보관이 어렵다는 편견이 있지만, 제철과일과 제철채소는 많이 비싸지도 않고 영양소와 맛도 풍부하다. 마트만 가봐도 어떤 게 제철과일인지 쉽게 알 수 있다. 많이 보이고 할인을 많이 해주는 것들이 보통 제철과일이다.

살을 단기간에 빼고 싶어서 먹는 것을 절제하면 실제로 몸무게가 빨리 줄어들긴 한다. 하지만 유지하기는 힘들다. 세상에 맛있는 음식이 얼마나 많은데 평생 다이어트 식품만 먹고 살 수는 없다. 게다가 그 역시 첨가물이 많이 들어간 가공식품이라는 것을 알아야 한다.

물론 바쁜 세상 속에서 가공식품을 아예 안 먹기는 힘들다. 하지만 알고 먹을 때와 모르고 먹을 때 음식을 대하는 태도는 달라진다고 생각한다.

물론 다이어트 할 때 못 먹는 음식은 없다는 내 주장처럼, 다이어트 식품도 절대 먹으면 안 될 음식은 아니다. 떡볶이가 너무 먹고 싶을 때 다이어트용 저칼로리 떡볶이로 마음의 위안을 얻었다면 다행일지 모르겠다. 하지만 솔직히, 그 저칼로리 떡볶이의 맛이 내가 그토록 먹고 싶은 그 떡볶이의 맛일까? 아마도 아닐 것이다. 마음의 위안을 얻을지, 아니면 감질맛만 남을지 알 수 없다.

그래서 나는 다이어트식을 따로 구분 짓지 않는다. 정말 먹고 싶어서 못 견딜 음식이라면 차라리 제대로 된 음식을 적당히 먹는다. 그래야 어느 정도 욕구를 충족하고, 다시 힘내서 다이어트를 이어갈 수 있는 것이다.

잠깐 빠졌다가 요요로 되돌아가는 다이어트 말고, 평생 내가 유지할 수 있는 식단을 만들어가자. 한 번에 바꿀 수는 없겠지만 조금씩 꾸준히 내가 가진 식습관을 점검하고, 바꿔볼 수 있는 것들은 조금씩 바꿔가면서 평생 가져갈 습관을 만들자. 잊지 말자, 다이어트는 장기전이다.

먹기 전의 나
vs 먹은 후의 나

가끔 저녁을 늦게 많이 먹을 때가 있지만, 그래도 요즘은 야식을 먹지 않는다. 당연한 말이지만 처음에는 야식을 끊는 게 쉽지 않았다. 야식을 끊기 위해 내가 했던 일은 먹기 전과 먹은 후의 나를 비교해보는 것이다.

우리는 보통 과하게 먹고 나면 꼭 후회를 한다. 먹는 그 순간에는 기분이 좋지만 이후에는 과하게 배가 불러서 기분이 좋지 않고 속이 답답해지는 게 부담된다. 무엇보다 먹었다는 사실 자체만으로 나에게 화가 나기 마련이다.

그래서 야식이 생각날 때면 먹기 전에 계속 생각해본다. 먹었을 때의 후회와 참고 잔 다음날 아침의 뿌듯함 중 어떤 것이 좋을지를 계속 비교하고 상상해본다. 다행히도 나는 다음날의 뿌듯함을 선택하는 경우가 많았고, 덕분에 25kg을 빼는 데에 성공할 수 있었다.

반면에 못 참고 야식을 먹어버렸다면, 비록 후회가 될 지언정 그 감정을 오래 가져가는 건 좋지 않다. 후회가 곧 자기 비난으로 이어질 수 있기 때문이다.

아이가 열이 나면 엄마의 컨디션은 정상적일 수 없다. 걱정되는 마음도 크지만 병수발도 들어야 하기 때문에 잠잘 시간이 부족해지고 몸의 컨디션도 떨어진다. 스트레스가 심해지면 야식이 더욱 당기기도 한다.

이런 날은 야식을 참는 것보다 그냥 먹는 것이 낫다. 먹었을 때의 만족감과 참았을 때의 스트레스를 비교해보면 오히려 먹는 것이 이득이기 때문이다. 먹기 전의 감정과 먹은 후의 감정, 둘 중에 하나는 내가 스스로 감수해야 한다.

스트레스가 너무 심할 때는 일단 지금의 내 기분을 달래고 힘을 내는 게 우선이기 때문에 야식을 먹었다. 그럴 때는 만족스러운 식사가 되었다. 아이 병수발도 잠 못 잔 짜증 한 번 내지 않고 잘 지나갈 수 있었다. 그리고 다시 편안한 마음으로 몸 관리로 돌아가면 되는 것이다.

이때 먹기로 결정하는 것도 '나'여야 하고, 즐기는 것도 '나'여야 한다. 아픈 아이 탓, 도와줄 친정이 먼 탓, 바쁜 남편 탓을 하지 말고 핑계 없이 야식을 즐기고 이후의 다이어트를 책임져야 한다. 잊지 말자. 먹는 것도 나이고, 그에 따른 감정과 몸을 책임지는 것도 나다.

다시 시작하는 게 중요하다

다이어트를 한다고 해서 못 먹는 음식은 없다. 무언가를 못 먹는 다고 생각하는 순간부터 그 음식은 마치 '하얀 코끼리'처럼 결국 먹을 때까지 생각날 것이다.

당장 며칠은 참고 넘길 수도 있다. 며칠을 참고 나면 아마도 그 음식에 대한 생각이 많이 줄어들 것이다. 이럴 경우에는 진짜로 먹고 싶었던 게 아니라 지나가는 식탐이기 때문에 그냥 넘겨도 상관이 없다. 그런데 그게 아니라 계속 생각이 나고, 그런데도 계속 억제한다면 결국에는 크게 폭식과 과식을 하게 된다. 요요가 찾아오는 악순환의 시작인 것이다.

다이어트를 하고 있더라도 칼로리 높은 음식이나 야식을 먹을 수 있다. 먹어도 된다. 하루 날 잡고 먹거나, 한 끼에 다 먹어도 된다. 많이 먹어도 된다. 그리고 다음 날부터 다시 시작하면 된다. 다음 끼니부터 다시 식단을 조절해도 된다. 식단 조절은 한 번에 하지 못해도 괜찮다. 서서히 익숙해지면 되는 것이다.

관리 잘 하기로 소문난 사람들도 365일 24시간을 계속 관리하며 사는 것은 아니다. 가끔은 흐트러지는 날이 있고 챙기지 못하는 날이 있을 것이다. 차이점은 보통 사람들은 한 번 실패했으니 '역시 난 안되는구나' 하고 자포자기하는 반면에, 이런 사람들은 언제든 바로 다시 시작한다는 것이다. 노래 가사처럼, 지나간 일은 지나간 대로 그냥 두고 다시 할 수 있는 일을 해 나가는 것이다.

스스로를 건강한 식단과 다이어트식만 먹는 순혈주의자로 몰고 가지 말자. 오늘 좀 먹어도 되고, 많이 먹어도 된다. 언제든 다시 조절하기만 하면 된다. 관리를 잘 하는 사람들은 이것이 일상화되어 있다. 좀 많이 먹은 날이면 다음날 덜 먹는 식이다. 남들이 성공했다는 방법을 무조건 따라가지 말고 내 몸이 원하는 것에 조금 더 귀 기울이고, 부담이 덜 가는 방향으로 스스로를 다독이면서 움직이면 된다.

그건 식욕이 아니라
습관일지도

    내가 좋아하는 음식, 내 몸에 좋은 음식에 대해 생각해보고 찾아 먹으면서 좋은 식습관을 만들려고 노력하지만, 세상에는 참 편리하고 유혹적이면서 몸에는 그닥 좋지 않은 음식들이 많다. 조금만 신경을 덜 쓰면 과도한 탄수화물과 액상과당과 나트륨을 섭취하게 되고, 단백질도 과하게 섭취하면 지방으로 전환되어 몸에 쌓이게 된다. 택배로 주문한 박스 단위의 음식들이 늘 집에 쌓여 있고, 늦은 밤에도 편의점이나 배달앱을 이용하여 음식을 살 수 있는 시대에 우리는 살고 있다.

    시대는 발전했지만 우리 몸은 여전히 음식이 부족했던 수렵 채

집 시대의 본성에서 크게 벗어나지 못하고 있다. 달달한 음식을 따라가게 되고, 눈앞에 음식을 보면 자꾸 먹게 된다. 본능적으로 누워 쉬면서 에너지 소모를 최소화하려고 한다. 언제 음식을 섭취할 수 있을지, 언제 위험한 동물로부터 피해야 할지 알 수 없는 원시시대에서는 생존에 필수적인 본능들이다.

하지만 바뀐 시대에서는 이런 본능 때문에 결국 에너지가 남고, 남은 에너지들은 지방으로 축적된다. 그래서 현대사회는 다이어트가 생활의 동반자이자 필수가 되어버린 것이다.

꽤 효과적인 단어 '굳이'

더 먹고 덜 움직이려는 것이 인간의 본능이긴 하지만 오늘날에는 굳이 그렇게 살 필요가 없다. 이 '굳이'라는 단어는 다이어트 하는 사람들에게 참 좋은 단어다. 먹고 싶은 음식이 생기거나 눈앞에 음식이 있을 때 '굳이'라는 말을 한 번 떠올려보자. '굳이'의 사전적 의미는 '고집을 부려 구태여'라고 한다. 고집을 부려가면서 일부러 애쓸 만큼 내가 이 음식을 먹고 싶은 것인지 한 번 더 체크해보는 것이다. 탄산음료, 밀가루, 인스턴트 음식이 앞에 있을 때 이렇게 한 번 되뇌어보자.

'이 음식들을 내가 굳이 먹어야 할까?'

'일부러 애써서 먹을 만큼의 가치가 있나?'

가끔 배가 고프지 않은데도 음식 생각이 나거나, 눈앞에 음식이 있으면 일단 입에 넣을 때가 있다. 이때도 '굳이'라는 말을 떠올려보자. 나는 이것을 굳이 먹을 만큼 배가 고픈가?

이렇게 한 번 더 '굳이'를 떠올리며 생각해봤지만 그래도 먹어야겠다면 그땐 맛있게 먹으면 된다. 굳이, 그러니까 일부러 애써서 먹을 만큼 그 음식이 필요한 것이니 말이다. 하지만 그냥 습관적으로 먹고 있는 건 아닌지를 한 번 더 체크할 때는 좋은 단어가 될 것이다.

어쩌면 나에게 필요한 것은 그 음식이 아닐 수도 있다. 예를 들어 아이스크림이 당기는 날이 있다. 이럴 때 한 번 더 생각해본다. 지금 나는 아이스크림을 먹고 싶은 것인지, 아니면 그냥 달달한 게 먹고 싶은 것인지. 반드시 아이스크림이 아니면 안 되는 상황이라면 모를까 그냥 달달한 음식이 당기는 거라면 과일로 대체해 볼 수도 있다. 잘 모르겠을 땐 일단 과일로 잠시 상황을 넘겨보자. 그리고 다음 날, 그다음 날도 아이스크림이 생각난다면 그건 어쩔 수 없다. 억지로 참지 말고 먹되 낮시간에 먹어준다.

음식 한 번 먹는데 무슨 질문과 생각을 이렇게까지 해야 하냐는 생각도 들겠지만, 내가 살이 찐 것은 이런 과정이 없었기 때문이 아

닐까 싶다. 음식이 넘쳐나는 시대에서 별다른 고민 없이, 꼭 먹고 싶
지도 않은 음식을, 필요한 양 이상으로 섭취했기 때문에 필요 이상
의 에너지가 섭취되고 살이 쪘던 것이다.

나는 라면을 안 좋아했구나

건강한 식습관을 만들어가려고 노력하면서 가장 눈에 띄게 바
뀐 것은 튀긴 음식을 먹는 횟수가 줄었다는 것이다. 남편이 치킨을
제외하면 담백한 음식을 좋아한 덕분이기도 하지만, 새로운 맛에
눈을 떴기 때문이기도 하다. 당연히 맛이 없을 거라 생각하고 안 먹
었던 음식들이 먹다 보니 맛있어지는 경우가 많았다. 호박잎쌈과
열무김치가 그랬다.

반대로 좋아하는 줄 알았던 음식이 사실은 좋아하는 게 아니었
다는 걸 알게 되는 경우도 있다. 먹던 습관에 따라 그냥 관성적으로
먹었을 뿐 사실은 별로 즐기지 않았던 것이다. 나에겐 라면과 짬뽕
이 그런 메뉴였다. 라면은 육아에 시달리다가도 혼자서 가장 쉽게
끓여 먹을 수 있는 음식이다 보니 자주 찾았던 것이고, 곱빼기를 먹
지 못하는 게 억울할 지경이었던 짬뽕도 실컷 먹으며 집착을 버리
고 나니 생각보다 별로 끌리지 않았다.

다이어트를 시작한 이후 새롭게 알게 된 즐거움이 있다. 음식의 맛을 최대한 느끼며 먹는 것이다. 예전에는 빠르게 먹다 보니 숨도 쉬지 않고 들이켰다. 음식을 천천히 먹으면서 충분히 숨을 쉬어야 진짜 향과 맛이 느껴진다는 걸 알게 됐다.

우리 뇌는 음식을 먹을 때 눈과 입과 귀가 함께 만족해야 제대로 된 맛을 느낄 수가 있다고 한다. 혀만 음식을 느끼는 것이 아니다. 이 말이 의심스럽다면 음식을 먹을 때 한 번쯤 일부러라도 숨을 쉬며 향을 느껴보자. 이제껏 내가 알았던 맛이 아닐 수도 있다.

어느 순간부터 라면을 먹을 때 밀가루 맛이 느껴지기 시작했다. 별로 좋은 느낌은 아니었기 때문에 이 느낌을 잘 기억해두면 라면에 대한 관성도 끊어버릴 수 있을 것 같았다. 그래도 실제로 라면 생각을 하지 않게 된 것은 그런 경험을 꽤 반복한 후였다. 짬뽕 역시 마찬가지였다. 밀가루 맛을 몇 번이나 반복해서 느끼게 된 후에야 집착을 끊게 됐고, 가끔 짬뽕을 먹게 되면 면보다는 밥을 시켜 먹게 됐다.

내가 알고 있는 음식의 맛은 사실 상상 속의 맛일 수 있고, 내가 그 음식을 좋아하는 이유는 착각과 믿음 때문일 수도 있다. 기름기 많은 음식에서 느끼하고 텁텁한 맛을 느끼다 보면 좀 더 가볍고 산뜻하며 담백한 음식에 끌리게 되고, 그 맛이 괜찮다는 느낌을 반복해서 경험하게 되면 나의 기호도 바뀔 수 있다.

처음부터 일부러 참으면서 음식을 가릴 필요가 없다. 지금 이 음식보다 몸에 좀 더 좋은 음식부터 하나씩 바꿔 먹으면 된다. 무조건 저칼로리 식품으로 바꿔야 하는 것도 아니다. 거듭 말하지만, 억지로 참으면 결국 과식과 폭식으로 이어지고, 다시 초절제식을 반복하다가 섭식장애로 이어질 수도 있다.

일단 내가 좋아하는 맛이 무엇인지 다시 점검해보고, 그 맛에 조금씩 재미를 느껴보는 것은 어떨까? 이왕이면 인스턴트 가공식보다는 자연식 중에서 그런 음식을 찾아보면 더 좋다. 너무 먹고 싶어서 계속 생각나거나, 상황이 여의치 않을 때는 나도 인스턴트 음식을 먹는 경우가 있다. 하지만 이왕이면 제철과일과 한식을 먹기 위해 노력중이다. 다만 억지로 먹는 게 아니라 좋아하는 음식 중심으로 말이다.

사먹는 음식보다 해먹는 음식이 맛없는 이유

대부분의 경우는 내가 한 음식보다 밖에서 사먹는 음식이 더 맛있다. 흔히 "세상에서 제일 맛있는 밥은 남이 해주는 밥"이라고 하듯이 편리하기도 하고, 외식에 길들여지다 보니 혀가 무뎌져서 왠지 집밥은 밍밍하게 느껴지기 때문이다.

요리를 직접 해보면 그 음식에 얼마나 많은 설탕과 소금이 들어가는지를 눈으로 직접 보게 된다. 특히 빵을 만들어 보면 들어가는 버터와 설탕의 양에 깜짝 놀란다고들 한다. 부담스러운 마음에 이런 것들을 조금 덜 넣게 되면 아무래도 사먹는 것보다 맛이 없을 수밖에 없다. 게다가 음식을 하는 과정에서 시각과 후각이 어느 정도 만족되면서 식욕이 조금 떨어지기도 한다.

그렇지만 다이어트를 하고자 하는 분이라면 직접 요리를 하는 것을 추천한다. 내가 만든 음식에 애착이 생기면 좀더 집중해서 먹게 되고 양 조절도 가능하기 때문이다. 물론, 배가 너무나 고픈 상황에서는 아무 생각 없이 많이 먹게 된다. 그러니 너무 배가 고파질 때까지 끼니를 거르는 일은 하지 말자.

지속가능한 식단의
2가지 조건

살을 빼기로 마음을 먹었다. 그다음 우리가 하는 일은 운동을 알아보고 식재료를 쇼핑하는 것이다. 장바구니에는 아마도 닭가슴살, 토마토, 양배추, 양상추, 버섯, 달걀, 고구마, 과일 등이 담길 것이고 저탄고지 다이어트에 관심이 있다면 치즈, 고기, 아몬드, 각종 저당·저칼로리의 간식거리가 담길 것이다. 우리는 이미 다이어트에 좋고 살이 빠지게 만들어주는 식재료가 무엇인지 다 알고 있다. 그런데도 왜 아직 살 빼기에 성공하지 못했을까?

그런 식단은 지속가능하지가 않기 때문이다. 남들이 좋다더라는 식재료로 이루어진 식단이기 때문이다. 계속해서 강조하는 이야기지만 다이어트 계획을 세우는 데의 기준은 '나'이어야 하고, 내가 좋아하는 음식과 내가 지속할 수 있는 방향으로 조금씩 나아가야 한다. 다른 사람들에게 좋다고 해서 나에게도 무조건 맞는 건 아니다.

예를 들어 녹차, 옥수수수염차, 호박차, 우엉차, 다이어트 커피 같은 음료들은 이뇨작용이 활발해지게 해서 몸에 있는 수분을 내보내고 붓기가 빠지게 하는 것이지 엄밀히 말해서 살을 빠지게 해주는 것은 아니다. 그래서 살을 빼고 싶다는 분들에게 이런 걸 먹으라고 권장하지는 않지만, 평소 물을 잘 마시지 않는 사람들에게는 권하는 편이다. 다이어트에는 물을 충분히 마셔주는 게 중요한데 맹물 마시는 깃이 어려운 분들에게는 맛이 조금이라도 가미된 차를 마시는 게 순환에 도움이 되기 때문이다.

내 입맛과 체질에 맞아야 한다

토마토를 예로 들어보자. 영양학적으로도 좋고 칼로리는 낮으면서 포만감에 도움이 많이 되는 대표적인 다이어트 식재료이다. 그렇게 좋다는 것은 알았지만 나는 토마토를 제대로 먹게 된 지가 얼마 되지 않았다. 어릴 때 어린이집에서 간식으로 나온 토마토를 먹다가 토한 적이 있는데 그 기억 때문인지 맛도 향도 싫은 식재료가 되었기 때문이다.

어릴 때는 그냥 안 먹고 말았지만, 20대가 되니 참고 먹어야 할 만큼 다이어트에 좋은 식재료라는 걸 알고 몇 번 시도를 했다. 하지만 지속되지는 않았다. 조금 먹을 만해지고 나서는 다이어트에 대한 조급증 때문에 3일 동안 토마토만 먹는 단기 다이어트를 했는데 이후부터는 아예 쳐다보지도 않았던 것이다.

자극적인 맛보다 담백한 맛에 익숙해진 지금은 토마토의 맛을 기분 좋게 느끼며 먹게 되었지만, 그동안 사놓고 버려왔던 토마토만 해도 한 트럭은 될지 모른다.

토마토만큼 많이 버렸던 것은 양상추와 버섯이다. 양상추 샐러드를 싫어했던 것은 아니지만 한 번 해먹고 나면 귀찮아서 다음에 또 해먹기를 미루게 되고, 금방 물러지는 양상추는 음식물 쓰레기통으로 향하는 날이 많았다. 고기 대신 쫄깃한 식감을 주는 버섯 역시 살 빼기에 좋다니까 사놓았지만 손이 가질 않아서 결국 버리게 되는 일이 많았다.

단백질 섭취는 살을 빼든 아니든 중요하다. 한국인의 식단은 탄수화물에 집중되어 있고 나이 40대가 넘어가면 근육량이 급격히 떨어지게 되니 단백질을 더 신경 써서 섭취해야 한다.

다이어트 할 때 단백질을 섭취하라고 하면 닭가슴살만 떠올리지만 이것은 단백질 섭취를 많이 해야 하는 보디빌더들이 예전에 상대적으로 값이 저렴한 닭가슴살을 이용한 것이 지금에 이르게 된 것이라고 한다. 꼭 닭가슴살이 아니라도 소고기와 돼지고기 중에서 지방이 적은 부위 역시 좋은 단백질원이 될 수 있고 고등어, 삼치, 갈치 같은 생선도 마찬가지다. 두부, 계란, 콩과 같은 식재료도 있으니 한두 가지만 지겹게 먹다가 포기하지 말고 내가 좋아하는 식재료로 다양하게 단백질을 접해보자.

골고루 먹는 것도 중요하고 다이어트에 도움이 되는 식재료를 많이 먹는 것도 중요하지만, 그 음식이 나에게 무조건 맞는 것은 아니다. 그보다는 내가 좋아하는 식재료가 무엇인지를 먼저 생각해보고, 그중에서 다이어트식으로 맛있게 만들어 먹을 수 있는 식단으로 시작하는 것이 더 낫다. 그래야 자연스럽게 지속가능한 식단이 시작될 것이다. 사놓고 해먹지 않으면 결국 다 쓰레기가 된다.

차려 먹기 쉬워야 한다

코로나 시대가 닥치고 나서 빵과 간편식, 인스턴트 음식을 먹는 양이 늘어났다. 예전과 달리 식당에 들어갈 때 어느 정도 제약이 있다 보니 간단히 드라이브를 가더라도 먹을 것을 싸서 나가게 된다. 그런데 도시락을 준비하는 것도 시간이 꽤 걸리기 때문에 간단히 빵을 챙겨서 나가는 경우가 많았다.

빵이 맛있어서 좋아하기도 하지만 간편함과 편리성 때문에도 자주 찾게 된다. 아이들 밥을 차려주고 난 후 내 끼니까지 챙길 여력이 없을 땐 빵 생각이 더 나기도 한다.

빵이 나쁜 것은 아니다. 통밀빵이나 호밀빵은 식이섬유도 많고, 견과류가 섞인 빵들은 다양한 영양소를 섭취하는 데 도움이 된다. 하지만 하얀 밀가루로 만든 빵에는 버터와 설탕이 많이 들어간다. 자칫 지방과 탄수화물의 양이 필요량을 우습게 넘기게 되는 것이다.

무엇을 먹든 조금씩 적절히 먹을 수 있으면 좋겠지만 그게 쉽지는 않다. 라면을 자주 먹게 되는 것도 여러 이유가 있겠지만 편하게 후다닥 끓여 먹을 수 있기 때문이 아닐까 싶다.

사람은 기본적으로 게으른 성향을 가지고 있다. 시대가 빠르게 변해서 우리 주변에 음식이 넘쳐나고 몸을 움직여서 빠르게 도망갈 일은 사라졌지만, 우리 몸은 옛날의 수렵채집시대에 머물러 있기 때문이다. 수렵채집시대에는 음식을 언제 또 만나게 될지 모르기 때문에 음식, 특히 칼로리 높은 음식을 보면 많이 섭취해서 비축해두려는 본능도 있다.

과거에는 이런 패턴이 생존에 적합했지만, 시대가 바뀌며 우리 몸은 아직 적응하지 못했기 때문에 살이 찌게 된다. 그래서 더욱 의식해서 관리를 해야 한다. 무조건 안 먹는다고 살이 잘 빠지는 것은 아니다. 단기적으로는 살이 빠진다고 느껴질지 몰라도 시간이 지나서 다시 음식을 먹기 시작하면 요요가 오기 때문에 장기적으로는 살이 빠지는 게 아니다. 내가 할 수 있는 수준에서 오래 가지고 갈 수 있는 식단을 꾸준히 유지할 때 조금씩이라도 꾸준히 살이 빠지는 것이다. 이때 끼니를 어떤 음식으로 어떻게 챙겨 먹느냐는 내가 선택할 수 있다.

밥 차리기 힘들어서 빵과 라면을 자주 선택하게 된다는 것을 깨달은 후에는 그것을 대체할 만한 것을 준비해 두려고 했다. 따뜻한 라면 국물이 생각날 때는 빠르게 데워서 밥과 함께 먹을 수 있도록 미역국을 미리 끓여두는 게 큰 도움이 되었다.

고구마나 달걀을 삶아서 식탁에 올려두면 바로 손으로 잡아서 먹을 수 있기 때문에 끼니를 그냥 넘기거나 빵으로 때우는 횟수를 줄여준다. 귀찮다는 핑계로 끼니를 잘 챙기지 않으면 다음 끼니에 과식하기 쉬우므로 적당한 시간에 적당한 양을 잘 챙겨먹는 것이 오히려 다이어트에 도움이 된다.

과일을 미리 손질해 두는 것도 도움이 된다. 출출할 때는 다른 간식보다 과일이 낫다. 복숭아, 수박, 배 등을 깎아서 통에 넣어두면 그때그때 꺼내서 먹기 좋다. 사과는 갈변이 잘 되어서 먹고 싶을 때마다 그때그때 깎아 먹는 편이다. 오이나 당근을 썰어서 넣어두는 것도 좋다.

지속가능한 식단은 결국 내가 좋아하는 것, 그리고 내가 쉽게 접근할 수 있는 것이어야 한다. 아무리 좋은 식단도 맛이 없거나 만들어먹기 어렵다면 점점 멀어지게 된다. '나는 저런 건 못하겠어'라고 무조건 안 된다고 단정 짓지 말고 내가 할 수 있는 것부터 시작해서 조금씩 늘려가자. 사소해 보이지만 꾸준히 해보면 결코 사소하지 않다.

한 달에 딱 12일만
밀가루 끊어보기

한 달에 12일간 '노밀식단'이라는 프로젝트를 진행했다. 밀가루를 좀 덜 먹어보자는 의미로 시작했는데, 정확히는 밀가루를 포함한 가공식품을 덜 먹기 위한 프로젝트였다. 밀가루가 많이 들어가는 음식은 대부분 설탕과 각종 화학조미료가 많이 포함되어 있기 때문이다.

그동안 내가 먹은 음식 기록을 들여다보니 나는 탄수화물을 엄청 좋아하는 사람이었다. 기본적으로 먹는 것을 좋아했지만 특히 빵에 진심이었다. 그렇다고 밀가루를 뚝 끊으면 분명히 후유증이 크게 올 테니 일단은 지금보다 조금 덜 먹기부터 시작해보는 게 좋을 것 같았다.

그래서 일주일에 3일씩, 한 달에 12일만 끊어보기로 했다. 한 달에 12일은 생각보다 할 만하다. 그런데 별것 아닌 것 같아도 1년을 모아보면 1년 중에 무려 4개월 정도는 밀가루를 안 먹고 살게 되는 효과가 있다.

밀가루를 평생 끊으라고 하면 어렵지만, 한 달에 12일만 먹지 말자고 하면 꽤 참을 만하다. 정해진 날짜 외엔 마음 편하게 먹다가 다시 12일 동안 밀가루 끊기를 하면 되니까 말이다. 먹다 말다 하는 게 무슨 의미가 있겠냐는 사람도 있겠지만, 12일 동안 6개월을 반복하면 72일이 된다. 약 두 달을 밀가루 없이 살 수 있는 것이다.

밀가루로 된 음식을 싫어하는 사람은 거의 없을 것이다. 밀가루를 좋아하는 것까진 아니라고 해도 신경 쓰지 않고 먹다 보면 의도치 않게 밀가루 섭취가 늘 수밖에 없다. 간단하게 끼니를 때울 때는 빵과 우유를 먹고, 편의점에서는 라면에 삼각김밥을 먹는다. 치킨, 햄버거 같은 패스트푸드에도 밀가루가 빠질 수 없고 과자나 초코파이 같은 간식은 그냥 그 자체로 밀가루다.

늘 이야기하지만 다이어트 한다고 밀가루를 완전히 끊어야 하는 것은 아니다. 밀가루 그 자체가 나쁜 것이 아니라 많이 먹어서 탄수화물 섭취량이 많아지는 게 문제다. 게다가 밀가루 음식에 포함되는 많은 양의 설탕과 지방도 문제를 일으킨다. 양에 비해 에너지 밀도가 높은 음식들이 대부분이기 때문에 조심하는 게 좋다.

내 몸이 고도비만일 때는 어떤 성분이 들어있느냐와 상관 없이 먹는 양을 줄이는 것만으로도 살이 빠졌다. 하지만 정상체중에 가까워질수록 살 빠지는 속도는 더뎌진다. 이때부터는 음식의 종류를 바꾸고 건강한 식단으로 옮겨갈 방법을 생각해봐야 한다.

밀가루 자체가 나쁜 건 아니지만

2021년 4월부터 한 달에 12일씩 밀가루 끊기를 지속했다. 생각 없이 먹게 되는 백색 밀가루 음식과 가공식품을 의도적으로 줄여보고자 시작했던 일인데, 여러 사람과 함께 하면 더 효과가 좋을 것 같았다. 그래서 매달 사람을 모집한 후 단체메신저에서 식단을 인증하면서 6개월을 이어왔다.

어떻게 하면 많은 사람들과 다이어트를 함께 할 수 있을지, 어떻게 하면 쉽게 접근하도록 도울지에 대한 고민은 지금도 늘 하고 있다. 대중들은 단순하고 명료한 지침이 있어야 적극적으로 움직인다는 조언을 얻었다. 막연히 "건강하게 드세요, 조금 드세요"라는 말보다는 어떻게, 얼마나 먹을지에 대해 단순하고 명료한 가이드라인을 제시해야 한다는 것이다.

내가 생각하는 건강한 식습관이란 궁극적으로 가공식품을 먹지 않는 것이다. 물론 육아와 살림을 균형 있게 해내려면 가공식품의 도움을 받지 않을 수 없지만, 되도록 줄이는 것이 목표다. 그렇다면 이런 궁극적 목표를 이루게 해줄 간단하지만 분명한 지침에는 무엇이 있을까 고민하다가 떠오른 키워드가 바로 밀가루 끊기, '노밀식단'이었다.

함께 밀가루를 끊어보자고 하면 손사래부터 치는 사람들이 많다. 밀가루 없이 어떻게 사냐고, 나는 빵을 좋아하는 빵순이인데 어떡하냐고, 밀가루 안 들어간 음식이 뭐가 있냐고 이야기한다. 그러면 더도 말고 딱 12일만 해보자고, 빵은 통밀빵이나 호밀빵으로 드시면 된다고 설득했다.

그렇게 어렵게 시작하지만, 막상 함께 해본 분들은 밀가루 없이 사는 것이 생각보다 어렵지 않다는 것과 밀가루가 들지 않은 음식이 많다는 것에 놀라워한다. 얼핏 생각하면 밀가루 없는 식단은 상상하기 어렵지만, 하려고 들면 밀가루 없어도 먹을 만한 음식이 많다. 가공식품은 자연스럽게 식단에서 제외되고 나물무침, 과일, 고기, 해산물 등 건강한 식단을 먹게 되는 것이다.

그렇게 12일을 참아내면 작은 성취감을 느낄 수 있다. 그러면 이후에는 더 큰 목표를 향해 도전하게 된다. '완벽한 식단으로 단시간에 10kg을 뺄 거야'라는 큰 목표를 세우는 것보다 '밀가루 음식은 하루에 한 번만 먹어야지'라는 작은 목표가 더 오래 지속할 수 있기 때문에 효과가 좋다.

'완벽한 식단'이란 것을 누가 정하는지는 모르겠지만, 보디빌딩 선수들이 대회를 준비할 때 먹는 식단을 이야기하는 거라면 절대 반대다. 선수들도 시즌과 비시즌에 따라 먹는 식단이 다른데 일반인들이 평생 그렇게 먹을 수는 없을 것이고, 단기적으로 몸을 만들기 위한 식단이 영양학적으로 완벽한 식단이라고 할 수도 없다.

한 달에 12일간 밀가루 끊기가 어렵다면 일주일에 딱 하루만 노밀데이를 시도해보는 것도 좋다. 혹은 하루에 한 끼만 밀가루 음식을 먹고 나머지는 안 먹기를 시도하는 것도 좋다. 방법은 다양하다. 내가 해볼 수 있는 방법으로 시도해보자. 조금씩 몸이 가벼워지는 경험을 할 수 있을 것이고, 그러면 더욱 과감하게 도전할 수 있게 된다.

간헐적 단식이냐, 간헐적 폭식이냐

이왕 하는 다이어트, 잘 해보고 싶어서 인터넷에서 정보를 찾고 관련 책을 열심히 읽다 보면 서로 반대되는 이야기가 나오기도 한다. 그만큼 사람마다 몸이 다르고 각자에게 맞는 음식이 다르기 때문일 것이다.

'저탄고지 다이어트'가 잘 맞는다는 사람이 있고, '자연식물식 다이어트'로 효과를 봤다는 사람이 있다. 골고루 먹고 운동하는 방식을 선호하는 사람이 있는 반면, 덜 움직이는 대신 덜 먹겠다는 사람도 있다. 어떤 방식이 옳고 그른 건 없다고 생각한다. 각자의 기호와 성향에 따라 선택하되 내 몸과 컨디션을 관찰하면서 계속할지 아니면 방법을 바꿀지를 결정해 나가면 된다.

나는 처음에 먹는 것을 포기할 자신이 없어서 운동부터 시작했다. 하지만 25kg을 빼기 위해서는 결국 먹는 것도 함께 조절할 수밖에 없다. 그중에서 내가 가장 쉽게 접근할 수 있는 방법은 마지막 식사시간을 제한하는 것이었다. 지금은 '간헐적 단식'이라는 단어가 유명해지면서 많은 사람들이 실천하고 있지만, 어찌 보면 예전부터 있었던 꽤 전통 있는 다이어트 방법이다. 최소 12시간 이상의 공복시간을 유지하면서 건강을 지키는 것이다.

나의 첫 번째 다이어트가 저녁 6시 이후에 아무것도 안 먹는 방법이었다보니 저녁 공복감을 이겨내는 건 그럭저럭 어렵지 않았다. 다만 평일 저녁에 퇴근한 남편과 함께 먹는 저녁식사를 포기하는 것은 너무나 아쉬웠다. 육아에 시달리다가 제대로 된 식사를 할 수 있는 유일한 시간이었기 때문이다. 그래도 운동만으로는 원하는 몸을 가질 수 없다는 것을 알고 있었기 때문에 먹는 것을 조절할 필요는 있었다.

간헐적 단식의 방법은 다양하다. 많은 사람들이 시도하는 방법은 '16:8 방식'으로, 하루 24시간 중에 8시간 동안은 마음 편하게 먹고 16시간을 공복으로 유지하는 것이다.

이 다이어트의 원리는 인슐린 조절이다. 우리 몸은 1차적으로 당분인 포도당을 에너지원으로 사용하는데, 남는 포도당은 지방으로 전환하여 몸 어딘가에 저장해둔다. 이때 포도당을 지방으로 전환시키는 호르몬이 인슐린이다. 공복 상태가 유지되면 인슐린이 자극되지 않는데, 그러면 몸속의 포도당이 모두 에너지원으로 소비된다. 그리고 포도당이 모두 소비되면 우리 몸은 반대로 저장되어 있던 지방을 에너지원으로 사용한다는 것이다.

공복 시간이 길어질수록 우리 몸은 지방을 더 많이 사용할 테니 살이 더 잘 빠질 것이다. 그래서 어떤 사람은 '20:4 방식'을 적용해서 4시간 동안 한두 끼를 챙겨 먹고 나머지 20시간을 공복으로 유지한다고도 한다.

내 몸에 맞게 변형해보자

나도 '16:8 방식'을 반년 이상 유지한 적이 있다. 먹는 시간을 8시간으로 정해두고 나머지 16시간은 공복을 유지했는데 먹는 시간을 몇 시부터 몇 시까지로 할 것이냐가 관건이었다.

처음엔 낮 12시부터 저녁 8시까지를 먹는 시간으로 정해서 시도해 봤는데, 남편과 저녁식사를 할 수 있어서 좋았다. 하지만 나는 평생 아침을 먹었던 사람이라 오전 공복을 버티는 것이 힘들었다. 고등학생 때 했던 첫 번째 다이어트 기간에도 저녁 6시 이후에 못 먹었던 음식들을 새벽에 일어나 든든히 챙겨 먹고 등교할 정도였다. 오전에 밥을 먹지 않으면 하루 종일 허한 느낌이 들고, 저녁을 많이 먹어도 식욕이 채워지지 않는 느낌이 들어 힘들었다.

그래서 오전 10시부터 오후 6시까지로 시간을 좀 당겼다가, 다시 오전 9시부터 오후 5시까지로 당겨보았다. 이렇게 했더니 식욕을 조절하기가 한결 쉬웠다. 뭐든지 나에게 맞게 조절하는 것이 필요하다.

코로나 팬데믹 덕분(?)에 사람을 만날 일이 줄어드니 비교적 시간을 지키기가 쉬웠지만, 친정이나 시댁에 가는 날에는 지켜내기가 어려웠다. 가족식사가 조금 늦게 끝난 날이면 다음날 아침 먹는 시간을 미뤄서 16시간 공복을 유지하는 식으로 융통성을 발휘했다.

하지만 다이어트만 놓고 봤을 때는 유의미한 효과를 봤다고 말하기 어렵다. 그보다는 생활습관을 바꾸려는 노력이 더 크게 작용했기 때문이다. 다만 수면의 질이 높아진 것은 좋았다. 공복 시간을 지키다 보니 잠자리에 들기 몇 시간 전부터 음식을 먹지 않았는데, 덕분에 속이 편안해져서 잠을 잘 잘 수 있었던 것이다.

요즘도 공복 시간을 12시간 유지하기 위해 노력하고 있다. 하루 8시간만 식사하는 것은 내가 평생 지속할 수 있는 식습관은 아닌 것 같지만, 12시간 식사는 가능할 것 같다. 공복 시간 12시간을 엄격하게 지키지 못하더라도, 최소한 저녁 8시가 넘으면 물 외에 다른 것은 거의 먹지 않는다. 속쓰림과 더부룩함을 백프로 느끼기 때문이다. 저녁 늦게까지 야식을 먹는 게 당연했던 때에는 그런 느낌조차도 몰랐다. 먹는 시간을 조절하면서 내 몸의 반응과 소리에 귀 기울이다 보니 소화와 숙면의 관계를 느끼게 된 것이다.

간헐적 단식은 먹는 음식의 종류를 따지지 않기 때문에 누구나 쉽게 시도할 수 있는 방법이다. 하지만 자칫 먹는 시간 동안 많은 양을 몰아서 먹는 '간헐적 폭식'이 될 수도 있기 때문에 주의해야 한다. 하루 종일 간식을 달고 살았거나 늦은 시간까지 야식을 즐기던 사람은 간헐적 폭식을 하더라도 그 이전보다는 먹는 양이 줄기 때문에 처음엔 실이 빠질 것이다. 하지만 시간만 정해놓고 먹는 음식 자체에 신경을 쓰지 않으면 언젠가는 한계에 부딪히게 된다.

간단하게 바로 시작해보고 싶다면, 일단 마지막 식사시간부터 제한해보는 것도 좋다. 공복감에 어느 정도 익숙해지면 그 다음에는 먹는 시간을 8시간으로 정해놓고 '16:8 방식'의 간헐적 단식을 시도해볼 수 있을 것이다. 다만 핵심은 나를 아는 것, 그리고 평생 지속할 수 있는 식습관을 만들어가는 것임을 잊으면 안 된다.

포기할 수 없는 음식이라면 규칙을 정하자

매일매일 삼시세끼 먹어도 질리지 않을 소울푸드가 있다면? 지금은 많이 달라졌지만 나에게는 그것이 떡볶이였다. 정확히는 떡볶이에 튀김과 순대, 이른바 '떡튀순'을 너무나 사랑했다. 늘 먹고 싶고 언제든 먹고 싶은 음식, 그래서 한 번 먹으면 반드시 과식을 하게 되는 음식이다.

문제는 이 음식이 몸에 썩 좋은 게 아니라는 점이다. 그렇다고 다이어트 때문에 무조건 먹지 않고 참는다면 후폭풍이 어마어마할 것이다. 그래서 떡튀순을 먹는 규칙을 따로 정해두었다. 일주일에 한 번만, 친구를 만났을 때만이라는 규칙을 정해두고 열심히 지켰다.

혹은 '한 달 동안 운동을 빠지지 않았을 때'라는 식으로 보상의 형태로 먹기도 했다. 그렇게 먹는 떡튀순의 맛은 평소보다 두 배는 황홀하다.

아침 한 끼는 과일로

내가 간헐적 단식을 시도하게 된 것은 하비 다이아몬드의 『다이어트 불변의 법칙』이라는 책을 읽고 나서였다. 이 책에서 직접적으로 간헐적 단식 이야기가 나오지는 않는다. 하지만 '인체의 8시간 주기'라고 해서 낮 12시부터 저녁 8시를 섭취주기(먹고 소화하는 시간), 저녁 8시부터 새벽 4시까지를 동화주기(흡수 및 사용하는 시간), 새벽 4시부터 낮 12시까지를 배출주기(몸의 노폐물과 음식 찌꺼기를 제거하는 시간)로 나누고 있다.

그러면서 저자는 적절한 음식 배합은 상당한 효과가 있다고 말한다. 그렇지만 본인의 말이 절대적으로 맞느냐 틀리냐가 중요한 게 아니라, 설명에 따라 음식을 배합해보고 그것이 정말 효과가 있는지 아닌지를 확인해보라고 말한다.

이 책에 매료되었던 가장 큰 이유는 바로 이 부분 때문이었다. 새로운 방법을 알았다면 의심하기보단 일단 시도해 보라는 것. 그래서 내가 바로 할 수 있는 '8시간 식사'에 도전해 봤던 것이다.

그러면서 함께 시작했던 것이 '아침에 과일 먹기'였다. 이 책에서는 과일에 대한 예찬이 많은데, 특히 오전에 먹는 과일은 8시간의 배출주기에 영향을 주지 않기 때문에 좋다고 했다. 대신 다른 것과 섞어 먹지 말고, 과일을 먹은 후 30분이 지난 후에 다른 음식을 먹으면 소화에 좋다고 나와 있다.

자연식물식(비건식)도 권장한다. 과일이나 곡식류는 탄수화물이 많이 들어있긴 하지만 지방을 제한하면 많이 먹어도 살이 찌지 않는다는 것이다. 반대로 탄수화물의 양을 극단적으로 제한하는 '저탄고지 다이어트'가 효과적이라고 주장하는 경우도 있다 보니 무엇이 더 낫다고 내가 결론을 내릴 수 있는 것은 아니다. 사람마다 자신에게 맞는 것을 따라하면 된다고 생각한다.

처음에는 이게 정말 효과가 있을까 싶었지만, 어쨌든 당장 시도해보기에 큰 어려움이 없는 방법이다. 책에 나온 대로 맞냐 틀리냐를 확인해보려면 내가 직접 해보는 것이 최고의 방법이기 때문에, 일단 집에 있는 사과를 아침마다 하나씩 먹는 것부터 시작했다.

막상 해보니 방법 자체도 할 만했고, 몸도 가벼워지는 것을 느낄 수 있었다. 거기에 몸무게까지 줄어들었으므로 아침 한 끼를 과일로 먹는 방식은 꽤 오랜 시간을 유지하고 있다.

식이섬유와 친해지자

과일이 다이어트에 미치는 영향에 대해서는 여러 가지 의견이 많다. 과일의 단맛을 내는 과당 성분 때문에 살 빼는 데 도움이 되지 않는다는 사람들도 많다. 과당만 놓고 보면 맞는 말이다. 하지만 과일은 수분과 여러 가지 미량 영양소도 많이 가지고 있다. 밀도 높은 가공식품보다는 과일이 내 몸에 더 좋다고 생각한다.

과당의 문제를 이야기하는 사람들도 부정할 수 없는 중요한 사실이 있다. 바로, 과일을 비롯한 자연식물식에는 식이섬유가 풍부하다는 점이다.

언제부턴가 우리는 장 건강에 대한 이야기를 쉽게 만날 수 있게 됐다. '장은 제2의 뇌'라면서 장내 미생물에 따라 우리의 면역과 건강, 소화, 다이어트가 달라진다고 말이다. 다양한 유산균과 효소의 종류가 광고되고, 프로바이오틱스니 프리바이오틱스니 하는 용어들도 접하게 된다. 이때의 프리바이오틱스, 즉 식이섬유는 내가 매우 중요하게 여기는 것이기도 하다.

음식물은 많이 가공할수록 입자가 고와지고 부드러워진다. 아기들이 이유식을 시작할 때 입자가 굉장히 고운 미음부터 시작해서 조금씩 건더기를 늘려가는 이유는 아직 소화기관이 약한 아이들이 천천히 적응할 수 있도록 하기 위한 것이다. 그런데 이미 소화기관이 완성된 어른들이 빵처럼 입자가 곱고 부드러운 가공식품을 많이 먹으면 어떨까? 소화흡수가 많이 일어나기 때문에 에너지가 남는 건 당연하다.

이때 식이섬유가 많은 음식을 먹으면 음식을 위장에서 통과시켜 대변으로 빠져나가게 하는 데에 도움을 준다. 식이섬유 자체는 소화가 되지 않기 때문에 흡수되는 칼로리도 없다. 그래서 흔히 다이어트 음식이라고 하는 것들은 대부분 식이섬유가 풍부하다고 생각하면 된다. 쌈채소와 샐러드, 물이 많은 과일을 잘 챙겨 먹으면 식이섬유와 미량영양소를 섭취할 수 있다.

다이어트를 하면 먹는 양이 줄어들기 때문에 흔히 변비를 겪기 쉽다. 먹는 양이 줄어드는 만큼 배속에서 밀어내는 힘도 약해지기 때문이다. 이럴 때도 식이섬유는 큰 도움이 된다.

식이섬유는 이름 그대로 섬유, 즉 가늘고 긴 실 같은 조직들이 얽힌 것이다. 그래서 식이섬유가 많은 음식은 보통 거칠다고 생각하면 된다. 채소에 많고, 과일은 껍질에 특히 많이 포함되어 있다.

치킨이나 고기를 먹을 때 샐러드나 쌈야채를 곁들여 먹으면 포만감이 들기 때문에 칼로리와 양을 조절할 때 용이하다. 가공이 많이 되어서 부드러운 음식들은 몇 번 씹지 않아도 삼켜지지만, 식이섬유가 많이 포함된 거칠고 딱딱한 음식들은 오래 씹어야 한다. 오래 씹을수록 천천히 먹을 수 있다.

하얀 밀가루와 통밀가루의 차이, 또는 흰쌀밥과 현미밥의 차이를 생각하면 쉽다. 식이섬유가 많이 포함된 통밀가루와 현미는 식감이 거칠어 꼭꼭 많이 씹게 된다. 거친 식감이 처음에는 어색할 수 있지만 계속 먹다 보면 거친 식감 속의 고소한 맛을 알게 될 것이다. 예전엔 부드럽고 쫄깃한 하얀 식빵을 좋아했는데, 이 고소한 맛을 알고 난 후부터는 통밀빵, 호밀빵, 깜빠뉴 같은 건강한 식사빵을 더 좋아하게 되었다.

다이어트를 해야 하는데 어떤 것을 먹어야 할지 모르겠거나, 외식 메뉴를 정해야 한다면 이왕이면 식이섬유가 많은 음식을 따라가자. 족발보다는 냉채족발, 치킨보다는 치킨샐러드를 먹는 것이다. 채소는 영 입에 맞지 않아서 힘들다면 상대적으로 접근이 쉬운 과일부터 도전하는 것도 방법이다.

그냥 먹고 싶은 대로 편하게 먹고, 식이섬유는 건강보조식품이나 영양제로 챙겨 먹으면 되지 않느냐고 생각할 수도 있다. 하지만 나의 경우는 평소에 좋은 음식을 찾아서 챙겨 먹는 것이 평생 영양제를 꼬박꼬박 챙기는 것보다 귀찮다고 생각되지는 않는다. 게다가 음식과 영양제에 이중으로 돈이 드는 것도 싫고, 평생 약을 챙겨 먹는 느낌도 유쾌하지 않다. 그저 먹거리에 관심이 많았던 내가 그 관심 대상을 양식이나 패스트푸드에서 한식과 자연식으로 옮겨온 것뿐이라고 생각한다.

내가 좋아하는 호박잎쌈.
자연식은 영양제 한 알보다 맛있고
건강하다 :)

떡볶이가 먹고 싶어
잠이 안 올 때는

다이어트 중에 못 먹는 음식은 없다고 생각하지만, 시도 때도 없이 먹고 싶은 음식들이 생각나고 그걸 매일 찾아 먹으면 곤란하다. 사람마다 각각의 소울푸드가 있겠지만, 나의 경우는 떡볶이가 그렇다. 다이어트를 하고 있는데 떡볶이가 너무나 먹고 싶을 때는 어떻게 해야 할까?

첫 번째 단계는 진짜 배고픔과 거짓 배고픔을 구분해보는 것이다. 배가 너무 고파서 무엇이든 먹고 싶은 것이 아니라, 특정 음식이 생각나는 것은 대부분 거짓 배고픔이라고 한다. 진짜 배고픔이라면 떡볶이가 아니라 뭐라도 먹고 싶을 것이다. 이때는 저혈당 증상이 동반될 수 있으니 다이어트를 하더라도 좋은 음식을 잘 챙겨 먹는 것은 중요하다.

하지만 아무리 거짓 배고픔, 가짜 배고픔이라고 해도 눈만 돌리면 유혹적인 음식이 손 닿는 곳에 널려 있는데 어떻게 생각을 안 할 수 있을까? 특히 밀가루나 탄수화물을 많이 먹다가 그 양을 줄이기 시작할 때 우리 뇌가 그렇게 "단 걸 좀 먹어줘"라는 신호를 많이 보낸다.

그래도 내 몸과 심리를 아예 모를 때보다 '나는 이럴 때 이런 욕구가 생기더라'라는 걸 알고 있으면 유혹이 느껴질 때 조금은 유연하게 대처할 수 있다. 유혹을 참기 위해서 내가 자주 하는 방법을 소개해보겠다.

다음 식사 시간까지 참기

천천히 무리 없이, 나를 괴롭히지 않는 다이어트를 추구한다고는 하지만 먹고 싶은 게 생각날 때마다 다 먹는다는 건 살뺄 생각이 없다는 것과 같다. 현재의 내 몸은 지금까지 욕구를 거스르지 않고 그대로 따라간 결과물이다. 그러니 살을 빼기로 결심했다면 한 번은 참아보는 노력도 필요하다.

떡볶이가 먹고 싶어지면 일단은 참아보는 게 좋다. 만약 거짓 배고픔이었다면 시간이 지난 후 욕구가 어느 정도 사그라들 것이고, 진짜 배고픔이라면 떡볶이 말고 다른 것이라도 먹게 될 것이다.

물론 다이어트 중에 떡볶이를 못 먹을 이유는 없다. 그렇다고 해도 밤 10시에 그냥 먹는 것은 살을 빼지 않겠다는 것과 같은 말이다. 떡볶이를 먹되 부담이 없는 시간까지 미뤄보는 노력 정도는 해보자. 무조건 참을 때보다는 훨씬 마음이 편안할 것이다. 지금은 자고, 내일 점심에는 떡볶이를 먹을 수 있다고 생각하면 기분 좋게 잠들 수 있다.

칼로리 낮은 재료로 떡볶이 만들기

쌀이나 밀가루로 만드는 떡은 탄수화물의 집약체다. 음식의 밀도가 높으면 칼로리도 높아질 수밖에 없다. 떡 대신 다른 대체재로 떡볶이를 만들어 보는 것도 방법이다.

요즘은 라이스페이퍼나 곤약떡, 말린 묵 등으로 다이어트 떡볶이를 만드는 레시피가 많이 나와 있다. 이런 것들을 활용하면 떡볶이에 대한 욕망을 어느 정도 충족시키면서 칼로리는 적게 섭취할 수 있을 것이다. '그래도 떡이 핵심인데 포기할 수 없어'라고 생각하는 분들이라면 야채를 듬뿍 넣고 만드는 것도 방법이다.

요즘은 시판용 저칼로리 다이어트 떡볶이도 많이 나온다. 이런 제품을 선택하는 것도 방법이다. 단, '다이어트'라는 글자가 붙은 식품은 대체로 가격이 비싸다.

이왕 먹는 거 맛있게 먹기

이래도 만족스럽지 않고, 저래도 만족스럽지 않아서 제대로 된 떡볶이를 먹을 때까지 스트레스가 쌓일 것 같으면, 참아서 폭발할 때까지 두지 말고 그냥 먹자. 그것도 이왕 먹을 거 집중해서, 내 마음과 뇌가 만족할 수 있도록 최선을 다해서 맛있게 먹자.

우리 뇌는 멀티태스킹을 못 하기 때문에, 음식을 먹을 때 다른 행동을 하면 제대로 된 맛을 느끼지 못하고 만족스럽지 않을 수 있다. 딴짓하지 말고, 한 번에 한 가지 음식만 집중해서 먹으면서 최대의 만족감을 끌어올리자.

몸을 마음대로 못했다면 마음이라도 건강하게 유지하는 것이 좋다. 음식이 반드시 마음에 위로를 주는 것은 아니지만, 어느 정도 힘이 있는 것은 분명하다. 그것을 무조건 외면하지 말자.

단, 먹고 나서 자책을 하게 될 것 같으면 차라리 안 먹는 게 낫다. 맛있게 먹고 즐기는 것이 중요하다. 그렇게 힘을 내고 다시 관리를 시작하면 된다.

내 자신에게 당당해야 하는 이유

음식을 참는 여러 방법을 제시하긴 했지만, 사실 우리가 궁극적으로 지향해야 할 목표는 먹고 싶은 음식을 양에 맞게 조절해서 먹는 연습이다. 그래야 평생 적당히 먹는 습관을 만들 수 있다.

나 역시도 아직 계속 연습중이다. 지금도 가끔 떡볶이를 마주하면 이성의 끈을 놓고 포만감을 넘어 과식을 할 때도 많다. 그럴 때면 스스로 자책을 하게 되기도 하지만, 그보다는 어떤 타이밍에서 이성의 끈을 놓았는지, 왜 그렇게 됐는지 생각해보려고 노력한다. 그리고 다음번에 개선하면 된다.

내가 '요요 없는 다이어트 방법'을 이야기하는 것은 평생을 유지한다는 뜻이기도 하다. 결국 습관을 바꾸는 것이 중요한데, 이제껏 맛있게 잘 먹어왔던 떡볶이를 하루아침에 끊고 평생 외면한다는 것은 누가 봐도 상식적이지 못하다. 다만 먹는 횟수와 방법을 조절해가는 것뿐이다.

습관 바꾸기 연습을 잘 해나가다가도 어느 순간 지치고 아무것도 생각하기 싫을 때가 온다. 그럴 땐 그냥 먹게 된다. 그 주기가 처음엔 너무 짧을지도 모른다. 혹은 잘 버티다가 어느 순간 흐트러지게 될 수도 있다. 괜찮다. 내가 마지막까지 챙겨야 하는 것은 좌절하지 않고, 자책하지 않고, 다시 시작하겠다는 마음이다.

먹어야겠다 싶을 땐 당당히 먹되, 후회할 것 같으면 안 먹어야 한다. 먹기로 선택했다면 맛있게 먹고, 다음날부터 다시 조절하면 된다. 운동은 꾸준히 하자. 그리고 먹을 때에도 내 마음과 감정을 들여다 보려고 노력하자.

긴 시간 다이어트를 해왔지만 항상 같은 강도로 음식을 조절하거나 운동을 할 수는 없었다. 조금 엄격해질 때도, 느슨해질 때도 있다. 그렇다고 일희일비 할 필요는 없다. 한 번 먹은 것이 바로 살이 되는 것은 아니기 때문이다. 마찬가지로 적게 먹고 운동 많이 했다고 살이 쑥쑥 빠지지도 않는다. 우리 몸은 그렇게 단순하지 않다.

살이 잘 안 찌는 사람들을 관찰해보면 배가 부를 때 숟가락을 놓는다. 하지만 그렇게 살아오지 않았던 나는 배부를 때 숟가락을 내려놓는 것이 어렵다. 그렇다고 해도 어려워하는 나를 비난하지는 말자. 이제껏 그럴 필요성이 없었기에 노력도, 연습도 못 해봤을 뿐이다. 이제부터 하면 된다.

모임에서 티 안 나게
음식 조절하기

　다이어트에 성공하기 위해서는 내가 살을 빼는 중이라는 소문을 주변에 많이 내라고 한다. 내가 뱉은 말이 있기 때문에 그만큼 지키기 위해서 신경 쓰게 되기 때문일 것이다. 그런데 재미있는 건 다이어트 한다고 소문을 내놓으면 이런 이야기들을 듣게 된다는 것이다.

　"다이어트는 무슨, 맛있게 먹으면 0칼로리야."

　"오늘까지만 먹고 내일부터 다이어트 하면 안돼?"

　"얼마나 오래 산다고 일일이 신경 쓰면서 먹냐? 그냥 먹고 즐겨."

　반대로 이런 이야기도 자주 듣는다.

"다이어트 한다면서 이거 먹어도 돼?"

"살 빼는 데는 ○○○(보조제 이름)가 좋다던데."

솔직히 말해서, 어느 쪽이든 기가 빨리는 건 마찬가지다. 내 인생을 대신 살아주는 것도 아닌데 왜들 그리 간섭이 심한지….

게다가 결혼 전에는 대놓고 하는 다이어트가 쉬웠지만, 애 엄마가 되고 나니 자기관리는 혼자서 다 하는 것마냥 티 나게 행동하는 것도 부담스러워진다. 20대 때 "엄마도 나처럼 그냥 다이어트 하면 되지"라고 엄마한테 철없이 이야기한 게 미안해진다. 그래서 여러 명이 모인 자리에서는 웬만하면 다이어트 한다고 유난을 떨지 않으려 노력 중이다. 그래도 평소에 노력을 하고 있으니 살이 빠지지 않을 리 없다.

그렇게 천천히 살을 빼고 보니, 처음에는 내가 다이어트를 하는 줄도 몰랐던 사람들이 나중에 다시 만나면 깜짝 놀라며 "어떻게 뺐어?"라고 물어보게 된다. 그러니 나만 아는 1~2kg이 빠지고 찌는 것에 집착하지 말고, 일상생활에서의 식습관을 건강하게 만들기 위해 연습하자.

내가 생각한대로 음식을 조절하려면 약속이 없는 것이 가장 좋다. 사먹는 음식은 대부분 자극적인데 이런 음식은 양을 조절해서 먹는 게 쉽지 않기 때문이다. 하지만 사람이 어떻게 사람을 만나지 않고 살 수 있을까? 어차피 평생 식습관을 만들기 위해서는 일반식을 조절해서 먹는 연습도 필요하므로 내가 했던 방법을 이야기해 보려고 한다.

이왕이면 먹고 싶었던 메뉴로

나는 사람 만나는 것을 좋아한다. 함께 맛있는 것을 먹으며 이야기하는 것을 즐긴다. 돌아보면 다이어트가 크게 성공한 때는 맛있는 걸 함께 먹으러 다니던 사람들과 잘 못 만났을 때였다. 2019년 마지막 다이어트를 시작했을 때는 점심을 거하게 먹고 저녁을 조절하면서 다이어트를 했다. 그리고 2020년에는 코로나 팬데믹이 시작되었다.

혼자 있을 때는 배달음식을 시켜 먹지 않기로 했으니 자연스레 외식보단 집밥을 더 많이 먹기 시작했다. 다이어트 초기에 정했던 원칙 중 하나는 식사 약속이 있을 때 말고는 간단하게 다이어트 식으로 챙겨먹자는 거였다.

그러다가 약속이 생기면 오히려 좋은 기회라는 생각도 든다. 약속이 생기면 무엇을 먹을지 정하게 되는데, 이때 먹고 싶었던 음식을 선택함으로써 하루 정도 스트레스를 푸는 것도 방법이다. 그래서 나는 친구들과 만나면 오히려 메뉴 선정에 적극적으로 임하는 편이다.

딱히 먹고 싶었던 음식이 없을 때는 밀가루 위주의 음식보다는 단백질을 채울 수 있는 음식으로 선택한다. 삼겹살, 찜닭, 치킨, 브런치 등 조금 기름지더라도 단백질이 충분히 들어간 음식 말이다. 쌈밥이나 한식 위주의 식당도 좋다. 요즘은 샐러드나 샌드위치 전용 식당도 많이 생겼기 때문에 선택폭이 넓어졌다.

먹을 땐 꼭꼭 씹어서 천천히 먹기

혼자 먹든 같이 먹든 기본은 천천히 먹는 것이다. 천천히 먹다 보면 같은 시간에 먹는 양이 줄게 된다. 이때 내가 먹는 양을 가늠하기 위해서는 앞접시에 덜어서 먹는 것이 좋다.

배가 부르다는 신호를 주는 호르몬은 음식을 먹기 시작한 후 20분이 지나야 나온다고 하니, 천천히 먹는 것은 먹는 양을 줄이는 데에 여러모로 이득이다. 주변에 살이 잘 안 찌는 사람들을 관찰해보면 대부분 천천히 먹는 걸 알 수 있다.

사실 나 역시 천천히 먹는 것이 아직도 잘 안돼서 계속 연습하고 있다. 빠르게 후루룩 들이키던 사람이 어느 날 갑자기 천천히 먹으려면 쉽지 않으므로 꾸준한 연습이 필요하다.

생각했던 것보다 음식을 많이 먹고 있다는 생각이 들면 잠시 수저를 내려놓고 한 번 생각해본다. 나는 지금 왜 많이 먹고 싶어 하는지 말이다. 먹고 싶은 음식을 억제하거나 못 먹는 일이 많을수록 음식에 대한 보상심리가 강해지는 건 자연스러운 일이다. 하지만 이미 충분히 먹고 즐겼으며, 지금 많이 먹지 않아도 언제든지 다시 이음식을 충분히 먹을 수 있다는 사실을 되뇌자. 그러면 당장의 식탐을 조금은 줄일 수 있다.

채소 많이 먹기

외식을 하더라도 채소를 함께 먹을 수 있도록 노력한다. 고깃집에 가면 쌈을 싸서 먹고, 브런치나 파스타를 먹으러 가면 샐러드를 추가한다. 샤브샤브나 월남쌈 등의 메뉴는 그 자체로 채소가 많으니 좋다. 채소를 곁들여 먹거나 쌈으로 먹는 음식은 한 입 먹을 때마다 시간이 좀 걸린다.

그래서 내가 좋아하는 외식 메뉴는 고깃집이다. 쌈을 싸서 먹을 수 있으니 앞서 언급한 장점을 그대로 가지고 있고, 고기를 내가 구우면 먹는 횟수가 줄어들기도 한다. 실제로 많이 먹지 않았는데 많이 먹은 듯한 느낌을 갖게 되기 때문이다.

마지막 냉면은 건너뛴다. 그러면 속이 더부룩할 만큼의 과식이 되지 않는다. 고기를 먹을 때 밥이나 냉면을 꼭 먹어야 하는 스타일이라면, 배를 고기로 채운 후에 추가해서 과식을 하지 말고 처음부터 함께 시켜서 먹는 것도 방법이다. 새로운 음식이 눈앞에 나타나면 우리 위는 조금 더 늘어나서 공간을 만들어내기 때문이다. 그리고 정말 중요한 것은 고기 한 점 먹을 때마다 야채쌈 하나! 절대 잊지 말자.

디저트는 달지 않은 차 한 잔

사람들을 만나서 밥을 먹고 나면 반드시 커피와 디저트를 먹는 것이 일상이다. 다이어트를 위해서라면 식후 디저트를 생략하는 게 가장 좋겠지만, 그럴 분위기가 아니라면 식사를 할 때 디저트까지 염두에 두고 조금 덜 먹는 것이 좋다.

달달한 음료에는 대부분 액상과당이 들어가는데, 이것은 뱃살에 굉장히 치명적이다. 카페에 간다면 아메리카노나 허브티처럼 달지 않은 차를 마시도록 하자. 디저트 케이크는 두 말 할 필요 없이 피하는 게 최선이다. 밥도 먹었는데 케이크까지 먹으면 과한 탄수화물 섭취가 될 수 있다.

물론 거듭 말하지만, 너무 먹고 싶어서 허벅지 찔러가며 참는 것보다는 너무 과하지 않은 선에서 적당히 먹는 것이 오히려 나을 수 있다. 매일도 아니고 아주 가끔 좋은 사람들과 즐거운 시간을 보내는 자리인데, 그 시간을 충분히 즐기지 못하고 다이어트에만 신경쓰는 것은 너무 아깝다. 고기도 맛있게 먹고, 디저트도 맛있게 먹었다면 다음 끼니를 조절하면 된다.

중요한 것은 한 끼 과식했다고 다이어트가 실패한 것은 아니라는 점이다. 기껏 만난 친구들 사이에서 '살 빼야 되는데… 이러면 안 되는데…' 하며 전전긍긍한다고 살이 더 빠지는 것도 아니다. 스트레스는 오히려 살을 더 찌게 한다. 그러니 내가 할 수 있는 만큼 꾸준히 해나가는 것이 가장 중요하다.

다이어트 보조제가
나쁜 건 아니지만

내가 처음 접한 다이어트 보조제는 식사 대용의 셰이크였다. 초등학교 4학년쯤 살이 급격히 찌기 시작하니 엄마가 저녁에 이걸 먹자며 제안하셨다.

그때는 살을 빼야 하는 이유도 잘 모르겠고 내가 원해서 했던 게 아니다 보니, 저녁밥이 너무 맛있던 나는 속상함에 울기도 했었다. 자식이 먹고 싶어 하는 것을 못 먹게 하는 엄마의 마음도 좋지는 않았는지 엄마도 같이 운 적이 있다.

한 달 정도 셰이크를 먹었는데 결과적으로 2~3kg 정도 빠졌던 걸로 기억한다. 하지만 아무도 내가 살이 빠졌다는 걸 알아보지 못

했고, 내 입으로 스스로 자랑하며 끝이 났었다.

그래서인지 다이어트 보조제나 식사 대용 셰이크를 별로 믿지 않는다. 나는 씹는 맛을 좋아하기 때문에 물처럼 마시는 셰이크는 결코 식욕을 충족해주지 못했다.

하지만 육아 때문에 운동할 시간은 없고, 몸이 가벼워지고 싶은 욕심은 있으니 어느 순간 이런 보조제에 괜히 눈이 가곤 했다. 하루는 친정에 갔는데 엄마가 사다 놓은 분홍색 다이어트 보조제가 있었다. 엄마한테는 별로 도움이 안 된다면서 먹고 싶으면 가져가서 먹으라고 하셨다. 그때는 다이어트를 결심한 지 얼마 되지 않았을 때고, 당장 내 돈이 들어가는 것도 아니니까 잘 됐다며 냉큼 가져다가 2019년 8월부터 먹어보기 시작했다.

그러면서 나의 생각과 몸의 변화를 기록해 두었다. 우선 그 약을 먹으니 화장실을 편하게 갈 수 있게 되었다. 화장실에 잘 가다 보니 먹은 것이 다 배출된 듯한 심리적 안정감을 주게 된다. 과식하거나 많이 먹더라도 다이어트약을 먹으면 괜찮을 것이라는 위안을 준다.

하지만 딱 거기까지다. 처음에는 무엇을 먹든 몸무게가 유지되고 먹은 것이 다 배출되는 느낌이 들어 좋았는데, 한 달 정도 되니 '현타'가 오기 시작했다. 어차피 이렇게 배출시킬 건데 뭘 그렇게 열심히 먹었을까라는 생각에 자괴감이 들기도 했다.

남는 것은 마음의 위안뿐

살 빼는 약은 살을 빼주지 않는다. 현상 유지에는 어느 정도 도움이 되는 것 같지만, 그저 '나는 다이어트를 하고 있다'는 마음의 위안을 줄 뿐이다. 아침 저녁으로 약을 챙겨 먹어야 하기 때문에 같은 습관을 꾸준히 반복하는 연습으로는 좋다. 쉽게 살을 빼준다는 다이어트 보조제나 다이어트 약도 꾸준히 먹지 않으면 소용이 없는 것이다.

이런저런 생각이 마무리된 후 나는 그 약을 포함해서 다이어트 보조제나 살 빼는 약은 먹지 않기로 했다. 그러고도 25kg 감량에 성공했다. 나중에 엄마 말을 들어보니 시간이 지나면 화장실에 잘 가는 효과도 떨어진다고 한다.

우리는 쉽게 눈에 보이는 결과를 얻고 싶어 한다. 탄수화물을 좋아하고, 움직이는 걸 싫어하는 것은 인간의 본능이다. 이것을 노린 살 빼는 약과 다이어트 보조제 마케팅은 주변에 차고 넘친다. 마음이 혹하는 광고도 정말 잘 만든다. 특히 마음이 약해져 있을 때는 더 잘 유혹된다. 운동과 식단으로 살을 빼는 것이 좋다고 생각하고, 또 실제로 그렇게 성공해본 적이 있는 나도 육아에 시달리는 동안 마음이 흔들흔들했던 것을 느낄 수 있었다.

나를 아껴주자. 내 마음을 튼튼히 하자. 그리고 현실을 똑바로 바라보자. 세상에 공짜는 없고, 쉽게 얻어지는 것도 없다. 하다 못해 살 빼는 약도 꾸준히 제시간에 챙겨 먹는 일을 한 달 이상 지속하는 노력이 필요하다. 그렇다면 내 몸에 좀 더 좋고 필요한 영양분을 챙기는 데에 노력을 더 들인다면 어떤 결과가 나타날까. 건강과 다이어트가 자동으로 이뤄지지 않을까.

무엇이 먼저인지
헷갈리지 말자

혹시 살을 단기간에 빼는 방법을 찾고 싶어 이 책을 집어든 분이라면 지금쯤 '책을 잘못 고른 것 같다'는 생각을 하고 계시지 않을까. 물론 빨리 빼는 방법을 몰라서 못 알려드리는 것은 아니다. 비법이 궁금하다며 내 블로그에 비밀댓글을 달아주시면 어떻게 하면 되는지, 나는 어떻게 했는지를 바로 알려드릴 수도 있다.

단, 내가 시키는 것이 아무리 무리한 요구라도 그대로 독하게 따른다는 전제, 그리고 요요가 다시 올 수 있다는 걸 알고 있다는 전제에서만 가능하다.

사실은 누구나 살을 빨리 빼는 방법들을 알고 있다. 다만 대부분은 오래 지속할 수 없는 방법이기 때문에 힘들고 어려운 것이다. 좋은 건 알지만 하기 싫은 것이 다이어트다. 그렇기 때문에 할 수 있는 만큼 지속가능한 식단을 계속해서 이어가는 것이 중요하다고 거듭 강조하는 것이다.

세 번의 다이어트와 세 번의 요요를 겪으면서 알게 된 것은 지속가능한 식단과 생활습관이 아니라면 결국 우리 몸은 과거로 돌아갈 수밖에 없다는 것이다. 지금의 내 몸을 만든 것은 그동안 내가 먹었던 음식과 생활했던 습관들이다. 살이 빠진다면 그만큼의 식단조절과 운동이 있었기 때문이고, 살이 찐다면 그 반대일 것이다.

내 생애 마지막 다이어트의 목표는 57kg이었다. 하지만 좋아하는 음식을 한 번씩 적당히 먹고, 육아하면서 아이와 남편에게 짜증 내지 않고, 움직이는 데에 불편하지 않은 적당한 몸무게는 얼마일까 꾸준히 관찰해보니 나에게 그런 균형점은 57kg이 아닌 64kg이었다. 그 이상을 빼기 위해서는 먹는 양을 더 줄이거나 운동을 더 많이 해야 하는데 그러기 위해선 에너지가 더 들어가야 한다.

하지만 내가 사용할 수 있는 에너지에는 한계가 있다 보니 컨디션이 안 좋아지면서 가족들에게 짜증을 내고 관계가 삐걱거리게 되었다. 원하는 몸무게가 되기 위해 생활을 바꾸는 것이 아니라, 내 생활을 맞춰가다 보면 거기에 맞는 몸무게가 따라오는 것이었다.

몸무게는 결국 식습관의 결과일 뿐

어느 연예인의 다이어트 명언 중 '먹어봐야 어차피 다 아는 맛'이라는 말이 있다. 하지만 나는 그 '아는 맛'이 더 무섭다. 이미 알기 때문에 더 먹고 싶고 더 참기가 어렵기 때문이다. 연예인들은 생업을 위해서라도 화면에서 대중에게 시각적으로 보이는 모습이 매우 중요한 사람들이지만, 우리는 일반인이다. '어차피 아는 맛'이라며 꾹 참을 필요 없이 적당히 먹어주고 적당히 관리해주면 된다.

바디프로필을 찍거나, 결혼식 같은 큰 행사를 앞두고 있거나, 반드시 입고 싶은 옷이 있다면 잠깐 동안은 억제된 생활 패턴을 통해서 몸무게를 줄일 수 있다. 하지만 그런 생활이 끝나고 나면 억제된 본능이 터져나오면서 요요가 오게 된다. 우리가 인간이기에 당연한 일이다. 이러한 사실을 그대로 받아들이고 인정했을 때 조절하는 게 조금 쉬워졌다.

물론 일반인이라도 외모를 중요하게 여기는 사람이라면 철저히 식단을 지키면서 살면 된다. 하지만 그렇지 않은 경우라면 오래 지킬 수 있을 만한 식단으로 유지되는 몸이 어디까지인지를 가늠해보고 그걸 기준으로 조금씩 조절해가자. 때로는 인생의 균형을 위해서 어느 정도의 합의가 필요하다.

어떤 식단이나 운동도 무한대로 살을 빼주지는 못한다. 어떤 특정한 식단을 시도했고 덕분에 살이 빠지기 시작했더라도, 그에 맞는 균형점에 도달하면 몸무게는 더 이상 줄지 않는다. 그 상태에서 원래의 식단으로 돌아간다면 몸무게는 다시 그에 맞게 늘어날 것이다. 결국 이것은 다이어트에 성공했다기보다 그때그때 생활습관에 맞는 몸무게로 변하는 것뿐이다.

지금은 나물반찬과 쌈채소를 좋아하게 되었지만 처음부터 그랬던 것은 아니다. 88kg 고도비만의 몸이 유지되었던 것은 기름진 고기와 밀가루 음식을 굉장히 좋아하고 식이섬유가 풍부한 음식들과 친하지 않았기 때문이다. 나물반찬과 쌈채소 위주의 식단을 처음 권장받았을 때는 막막하기도 했다.

그런데 우리 혀는 굉장히 민감한 것 같지만 동시에 적응도 빠르고 둔해지는 것도 빠르다. 자극적인 음식을 계속 먹게 되면 더 짜고 달고 매운 음식을 찾게 되지만, 반대로 안 먹기 시작하면 식재료 고유의 맛들이 느껴지기 시작한다.

이럴 때 다시 자극적인 음식들을 먹으면 엄청 달고 짠 느낌이 든다. 물론 이것도 다시 먹다 보면 금방 적응된다. 아직 여러 음식에 익숙하지 않은 어린 아이들에게 먹이는 떡뻥과자를 보면 다양한 맛이 있지만 그 맛이 어른들 입에는 잘 느껴지지 않는다. 그래도 아이들은 그 맛을 구분하고 느낀다고 하니, 이런 걸 보면 우리 혀가 처음부터 둔했던 것은 아니다.

내가 그나마 먹는 쌈채소는 상추였고 나물반찬 중에는 열무무침밖에 없었다. 다행히 그 시기에는 부드러운 열무가 나오는 철이었고, 상추는 흔히 사먹을 수 있으니 좋아하는 식재료부터 시작할 수 있었다. 그리고 점점 순차적으로 호박잎, 깻잎, 냉이무침, 고추무침 등등 식이섬유가 풍부한 한식 반찬을 늘려갔다.

다이어트 음식이 따로 있는 게 아니다

'다이어트에 좋은 음식'이 구분되는 이유는 같은 용량 대비 칼로리가 낮은 식재료를 섭취하면 같은 양을 먹어도 총칼로리를 떨어뜨릴 수 있기 때문이다. 어떤 음식이든 많이 먹으면 살 빼는 데 도움이 되지 않는다. 과자, 케이크, 도넛, 치킨, 피자를 조금씩만 먹을 수 있다면 이런 음식을 먹으면서도 충분히 살을 뺄 수 있다. 하지만 이런 음식들은 에너지는 높은데 영양소가 많지 않아서 많은 양을 먹어도 우리 몸은 허기를 느끼게 되기 쉽다. 우리가 허기짐을 느끼는 것은 위장의 공복감이나 포만감과는 또 다른 문제다.

우리가 살아가는 시대는 에너지가 높은 음식은 넘쳐나지만 좋은 영양소가 풍부한 음식은 오히려 줄어든 것 같다. 산업화에 따라서 식재료도 적은 비용으로 빠르게 많이 만들다보니 미네랄, 파이

토케미컬(식물 속 화학물질) 등의 함유량이 떨어진다. 그것을 채우기 위해 우리 몸은 더 많은 음식을 먹게 된다. 이것은 환경 다큐멘터리 전문 PD인 유진규의 저서 『맛의 배신』이라는 책에 나오는 이야기다.

음식을 적게 먹기 위해서는 식이섬유와 파이토케미컬이 풍부한 음식을 먹어 줘야 한다. 무조건 "채소는 싫어"라며 딱 자르지 말고 내가 즐길 수 있는 채소는 무엇이 있는지를 찾아보자. 없다면 즐기는 과일이라도 생각해보자. 분명 한두 개쯤은 있을 것이다. 아무리 살을 빼려고 굳게 마음먹어도 식사 때마다 맛이 없어 곤욕이라면 그 식단은 지속할 수가 없다. 살이 빠진다는 식재료만 무작정 따라다닐 게 아니라 내가 좋아하는 식재료를 먼저 찾아내는 게 우선이다. 그렇게 시작해서 조금씩 확장시켜 보자.

혼자 있어도 제대로 차려 먹자

혼자 있으면 귀찮아서 밥을 안 먹거나, 반대로 눈치 보지 않아도 되므로 많이 먹게 되기도 한다. 다이어트를 하는 이유의 상당 부분이 다른 사람 눈에 비치는 모습 때문이긴 하지만, 내가 스스로를 사랑하고 챙겨주지 않는다면 아무리 남들이 예쁘다 한들 과연 행복할까?

혼자서 먹을수록 더 제대로 챙겨 먹을 필요가 있다. 제대로 된 그릇에 제대로 담아 먹으라는 것이다. 예쁘게 플레이팅까지는 못 하더라도 균형 잡힌 식단을 먹을 만큼만 차려서 눈앞에 갖춰놓고 먹으면 내가 먹는 양을 정확히 알 수 있고, 식사에 대한 만족감도 높아진다.

배달음식은 대부분 양이 많기 때문에 혼자서 시켜 먹을 땐 과식을 하게 된다. 물론 배달음식이라도 먹을 만큼만 소분해서 먹는다면 괜찮겠지만, 그게 쉽지는 않기 때문에 나는 혼자 있을 때는 배달음식을 먹지 않는 것을 원칙으로 하고 있다. 중요한 건 스스로를 아끼는 마음으로 적당한 양의 적당한 영양소를 잘 챙겨먹는 것이다.

운동과의 전쟁

만 보 걷기로는
살을 뺄 수 없다

운동은 해야겠는데 당장 할 줄 아는 것도 없고, 전문학원에 등록할 상황도 안 된다. 이럴 때 가장 쉽게 접근할 수 있는 것이 걷기가 아닐까 생각한다.

생활이 편리해지면서 워낙 걸음수가 적어지다 보니 '만 보 걷기'는 다이어트의 상징이 되었다. 하루 만 보를 채우면 쿠폰으로 교환 가능한 포인트를 주는 앱도 있고, 예금이율을 조금 더 높여주는 금융상품도 존재한다.

꾸준히 잘 걷기만 하면 살을 뺄 수 있을까? 운동을 워낙 안 했던 사람이라면 한 달만 꾸준히 걷기 운동을 해도 어느 정도 체중감량

효과를 볼 수 있을 것이다. 그렇지만 만 보 걷기는 살을 빼는 데 좋은 운동은 아니다.

스마트폰에 걷기 어플을 깔아두신 분이라면 쉽게 이해할 수 있을 것이다. 하루 만 보의 걸음을 채우면 사람마다 다를 수 있지만 대략 7.7km 정도를 걸었다고 나온다. 그리고 소모된 칼로리도 표시될 텐데, 대략 330kcal 정도일 것이다. 밥 한 공기의 칼로리는 대략 300kcal 정도다. 마트에서 파는 210g짜리 즉석밥 하나를 기준으로 한 것이다.

해보신 분은 알겠지만, 만 보를 채우려면 빠르게 걸어도 최소 한 시간이 넘게 걸린다. 그렇게 열심히 걸은 후에 밥 한 공기만 더 먹어도 칼로리는 말짱 도루묵이 되는 것이다.

만 보 걷기로는 무조건 살이 안 빠진다는 것이 아니라, 시간 대비 효율이 좋지 않다는 이야기를 하려는 것이다. 흔히 '살이 안 빠진다'는 것은 체중이 변하지 않는다는 의미일 것이다. 체중을 조절하려면 운동 강도가 높고 칼로리를 많이 태우는 종목을 해야 하는데, 걷기는 그 정도의 운동이라고 보기가 어렵다. 물론 다이어트에서는 '운동 : 식단조절 = 2 : 8'이라고 이야기하는 만큼, 식단조절을 함께 한다면 체중이 줄어들 것이다.

모든 것을 칼로리만으로 딱 떨어지게 이야기할 수는 없지만, 먹는 것을 조절하지 않고 운동으로만 체중을 털어내려면 전문 운동선수처럼 하루 종일 운동을 해야만 가능하다. 유튜버 제이제이의 영상 중에 먹은 음식의 칼로리를 다 태우려면 얼마나 운동해야 하는지를 비교하는 것이 있다. 이걸 보면 운동시간 당 소모되는 칼로리가 생각보다 높지 않은데, 특히 걷기와 비슷한 활동인 산책은 소모되는 칼로리가 더 적은 것을 알 수 있다.

물론 사람은 숨만 쉬어도 소모되는 기초대사량이라는 것이 있어서 먹은 만큼 운동을 하지 않아도 무조건 살이 찌는 것은 아니다. 하지만 살을 빼려는 목적으로 운동을 하고 싶다면 그냥 걷기가 아니라 달리기나 계단 오르기를 추천한다. 적정심박수 이상, 즉 숨이 찰 정도의 강도를 유지하면서 운동을 해야 체지방이 소모된다.

살 빼는 운동 vs 체력을 위한 운동

하지만 체중의 변화가 없더라도 걷기는 우리 몸에 유의미한 변화를 많이 가져다주는 좋은 운동이 분명하다. 살이 쭉쭉 빠질 것이라는 기대만 없다면 걷기는 기본활동량을 높이고 몸에 활력을 불어넣어 주는 좋은 운동이다.

『생존체력』의 저자이자 피트니스팀 '피톨로지'의 대표 아주라 님은 현대시대와 우리 몸, 생활에 대한 철학을 많이 이야기하는데 이론적인 부분에서 많은 도움이 된다. 그중에 걷기에 대한 이야기가 있다. 걷기란 인간이 생존하는 데 가장 기본적인 움직임이며, 걷기가 되어야 달릴 수 있는 체력이 생기고 다른 운동도 할 수 있다고 말한다.

우리는 건강에 필요한 기본활동량도 채우지 못한 채 살아도 별로 큰 문제가 없는 시대에 살고 있다. 그러다 보니 나이가 들면 이런 생활습관이 쌓여서 큰 문제가 생길 수 있다. 살이 찌는 것은 물론 근육의 능력이 감소하는 것까지 포함된다. 그렇기에 생존을 위한 최소한의 움직임인 걷기는 꼭 해야 한다.

살 빼는 데에 효과가 별로 없다고 해서 걷기를 포기하지는 말자. 만 보 걷기를 무시하면 안 된다. 그 정도는 거뜬히 할 수 있을 만큼 체력을 키워야 다음 운동을 해나갈 수 있는데, 그 정도의 체력조차 안 되는 사람들이 의외로 많다. 체력과 건강은 하루아침에 완성되지 않는다. 반대로 이야기하면 나빠지는 것도 하루아침에 느껴지는 것이 아니다. 지금 불편을 못 느낀다고 소홀히 하면 안 되는 것이다. 살 빼기보다 더 중요한 체력 유지를 한다는 생각으로 만 보 걷기에 접근해보자.

한 달 정도 열심히 한다고 딱히 체력이 달라진 게 느껴지지는 않는다. 최소 3개월에서 6개월은 만 보 걷기를 유지해야 생활의 활력이 조금씩 생긴 것을 느낄 수 있을 것이다.

모든 운동의 시작은 '걷기'

걷기는 모든 운동의 시작이다. 하루 만 보씩 걸었는데 활기는 생기는 것 같지만 외관상으로는 생각보다 변화가 없으면 '여기서 뭘 더 해볼까'라는 궁리를 하기 시작한다. 처음에는 만 보만 걷던 사람이 동네 공원에 있는 기구로 허리 돌리기라도 한 번 해보고, 자기 전에 윗몸 일으키기도 한 번 해보는 식으로 하나씩 늘려가 보는 것이다. 다만 만 보 걷기가 효과가 덜하다고 해서 2만 보로 늘리겠다는 사람도 있는데, 효율은 많이 떨어진다. 차라리 만 보 걷기에 근육운동을 조금씩 추가해보는 게 낫다.

운동을 안 해본 사람일수록 가장 쉬운 걷기부터 하자. 당장 몸무게가 바뀌고 체력이 좋아지는 것을 기대하기는 솔직히 어렵지만, 그래도 밑져야 본전이니 꾸준히 6개월만 지속해보자. 언제부터인가 몸이 가벼워지고, 활력이 생기고, 다른 일을 했을 때 생각보다 덜 힘들어졌다는 것을 느끼게 될 것이다. 모르는 새에 우리 몸이 서서히 바뀌고 있을 것이다.

걷기가 살 빼는 데에는 비효율적이라고 하지만 아예 안 움직이는 것보다는 훨씬 좋다. 거창한 운동계획을 세워서 하다가 금방 그만두지 말고, 식단 관리와 마찬가지로 운동 역시 당장 할 수 있는 것부터 조금씩 시작하고 늘려가자.

무시하지 말자, 틈새운동

영화 「셜록 홈스」나 만화 「명탐정 코난」 같은 추리물들을 보면 악수 한 번이나 첫인상만으로 상대방에 대해 많은 것을 알아낸다. 좀 과장된 것도 있겠지만, 그만큼 우리 몸과 습관에는 많은 것들이 기록되어 있다. 이제껏 먹고 움직인 것들이 지금의 내 몸을 만든 것이기 때문이다.

춤추는 사람들, 보디빌더 선수들, 수영 선수들, 축구 선수들, 필라테스 강사들, 클라이밍 하는 사람들 등등 운동을 전문적으로 하는 사람들을 한 번 관찰해보자. 저마다 자신이 하는 운동에 맞는 몸을 가지고 있다는 것을 알게 될 것이다. 보디빌더는 볼록볼록 두툼

한 근육이 많지만 클라이밍 선수는 날렵한 잔근육이 많다. 수영 선수들은 상체가 상대적으로 발달해 있는 반면 축구 선수들은 하체가 발달해 있다. 우리 몸은 효율적이다. 많이 사용하면 단련이 되고, 사용하지 않는 곳은 그 부분부터 지방이 쌓인다.

피트니스와 식단조절을 병행한다면 가장 효율적으로 살을 빼고 몸매를 잡을 수 있다. 몸의 변화를 빠르게 느끼는 데에는 피트니스만 한 게 없지만, 그만두면 몸의 모양이 다시 돌아오는 것도 그만큼 빠르다는 것을 느낄 수 있을 것이다.

우리 몸은 변화를 싫어하고, 항상성(恒常性)을 좋아한다. 체중과 체온을 비롯한 몸의 상태가 급격히 변화되지 않도록 늘 노력한다. 내 몸에 에너지가 빠져나간다고 느껴지면 대신 식욕을 올린다. 살 빼려고 운동을 시작했는데 오히려 식욕이 늘어서 살이 안 빠진다고 볼멘소리를 하는 것도 이 때문이다. 살 빼기 힘들다는 이야기는 많이 들어서 당연한 듯 느끼지만, 어떤 사람에게는 살이 찌는 것 역시 그만큼 힘든 일이다. 이 역시 항상성 때문이다.

안 하던 운동을 하려면 근육에는 더 많은 영양분이 필요하고, 그것을 공급하기 위해서는 혈류의 양이 증가한다. 운동을 하고 나면 근육이 단단해지고 커진 느낌을 받는 펌핑 현상이 일시적으로 나타난다. 하지만 이것은 일시적인 현상이고, 시간이 지나면 다시 원래의 상태로 돌아간다. 운동 직후가 아니라 평소의 체형까지 바뀌는 것은 그만큼 어려운 일이다.

살을 빼기 위해 운동을 하면 근육이 더 많은 수분을 잡고 있고, 식욕이 올라서 더 잘 먹게 되므로 당장 체중이 내려가기는 힘들다. 하지만 이럴 때 꾸준히 운동을 계속하게 되면 항상성 때문에 버티던 체중도 조금씩 변화하기 시작한다.

제대로 하려다가 시작도 못 한다

과거에는 일상생활 틈틈이 조금씩 하는 틈새운동을 우습게 생각했다. 스쿼트 몇 개 하고 10분 더 걷는 게 무슨 운동이 될까 싶었다. 고도비만인 나는 빠른 결과가 나타났으면 했기 때문에 틈새운동을 더 우습게 생각했던 것 같다.

이왕 운동할 거면 효율적으로 하고 싶었다. 잠깐씩 스쿼트 열 개, 스무 개 하고 마는 것보다는 헬스장에 가서 '스트레칭 - 근력운동 - 유산소 운동 - 마무리 스트레칭'의 과정을 거쳐 제대로 운동하고 싶었다. 체지방을 효과적으로 태우기 위해서는 기구를 이용한 웨이트 운동을 20분 정도 해준 후 런닝머신 같은 유산소 운동을 40분 해주면 좋다고 한다.

그런데 이렇게만 해도 한 시간이 꼬박 들고, 여기에 앞뒤 스트레칭 시간과 씻는 시간까지 합치면 오고 가는 시간까지 넉넉하게 세 시간은 필요했다. 하지만 어린아이들을 돌보면서 그렇게 긴 시간을 날마다 내기는 어렵기 때문에 늘 운동은 뒷순위로 밀렸다.

그렇게 차일피일 운동을 미루다가 문득 이런 생각을 했다. 나처럼 제대로 된 운동을 하겠다고 계속 미루는 사람과 하루에 조금씩이라도 틈새운동을 꾸준히 한 사람… 3년 후에는 누구의 몸이 더 좋을까? 깊이 고민하지 않아도 그 대답은 누구나 할 수 있을 것이다.

그때부터 생각을 고쳐먹고 생각날 때마다 틈새운동을 시작했다. 화장실 다녀오면서 스쿼트 열 개, 집에 올 때 계단으로 올라오기, 한두 정거장 걸어 다니기 같은 것들 말이다. 너무 바빠 여력이 없을 때는 샤워하러 들어가서 스쿼트를 30개씩 하기도 했고, 세수하거나 양치할 때 스쿼트 자세를 유지하기도 했다. 당장은 힘들고 귀찮지만 이 작은 것들이 쌓여서 보여준 힘은 상당했다.

모든 사람이 PT를 받으면서 식단 관리를 할 수는 없고, 그럴 필요도 없다고 생각한다. 하지만 생존과 건강을 위한 최소한의 움직임은 꼭 필요하다. 틈새운동은 적은 시간과 노력을 들여서 할 수 있다. 그 보상이 당장 눈에 띌 만큼 크지는 않지만, 분명 내 몸에 남는다.

운동을 3년간 꾸준히 하려면 어떻게 해야 할까? 아무리 재미있는 운동도 일상에서 꾸준히 이어간다는 것은 쉽지 않다. 일단 간단하고 쉬워야 한다. 틈새운동도 마찬가지다. 누군가에게는 스쿼트 열 개가 쉬운 일이 아닐 것이다. 그럴 때는 무리하지 말고 계단 오르기부터 시작하자. 처음에는 한 층, 그 다음에는 두 층, 이렇게 하나씩 늘려보자. 기본적인 활동량만 늘려도 체력을 유지할 수 있다.

그것도 어렵다면 스트레칭 습관부터 들이자. 자려고 누웠을 땐 어떤가? 피곤하니 빨리 자고만 싶고, 손가락 하나 꼼짝하기 싫을 것이다. 하지만 잠깐의 귀찮음을 이겨내면 자기 전과 일어난 후에 기지개나 손목발목 돌리기 정도는 누구나 할 수 있다. 아마 훨씬 가볍고 시원한 느낌으로 잠들 수 있을 것이다. 이것이 익숙해진다면 누워서 할 수 있는 크런치(누워서 배에 힘을 주고 머리와 어깨를 둥글게 말면서 들어 올리는 운동)를 꾸준히 해보는 것도 좋다.

귀찮고, 마냥 편하고 싶어서 움직임을 줄인다면 나중에 정말로 못 움직일 수 있다. 우리는 작은 힘을 들여 크고 빠른 결과를 얻고 싶어 한다. 보상이 크면 당연히 할 맛이 나지만, 눈에 띄지 않는 보상은 쉽게 무시하곤 한다. 새해가 되면 매년 사람들이 다이어트, 운동, 영어공부, 독서 등의 목표를 세워놓고 왜 달성하기가 어려운 것일까? 눈앞에 바로 보상이 나타나지 않으니 버텨내기 힘들어서 그런 것이다. 어쩔 수 없다. 긴 시간과 노력이 투여되어야 한다.

평소에 살이 찌지 않고 활력이 넘치는 사람들을 한 번 관찰해보자. 몸을 한시도 가만히 두지 않는다는 것을 알 수 있을 것이다. 운동은 제대로 갖춰서 해야 한다는 강박을 버리자. 평소에 움직이는 것이 곧 운동이다.

함께 하면
운동이 쉬워진다

　말은 이렇게 했지만, 사실 나도 혼자서 스스로 운동을 한다는 게 너무 귀찮고 하기가 싫었다. 코로나 사태가 본격화되고부터는 더욱 그랬다. 이때가 2020년 2월이었는데, 3월부터는 코로나 사태 때문에 큰아이도 어린이집에 보내지 않기로 한 상황이었다. 괜찮아지길 2주만, 2주만 더⋯. 이렇게 기다리고 또 기다렸지만 상황은 나아지지를 않았고, 결국 6월에는 큰아이마저 완전 퇴소를 시킨 후 그렇게 세 명이서 늘 집에 붙어있었다.

　운동센터도 운영하지 않고, 아이들과 24시간 붙어있으니 내 마음대로 무언가를 하기도 힘들었다. 그렇다고 멈추기엔 살이 다시 찔까 봐 두려웠지만, 그럼에도 혼자 운동하는 홈트는 지겹고 하기 싫었다. 좋은 수가 없을까?

혼자 하는 홈트에 동기부여를 하기 위해 시작한 것이 출석과 인증 프로그램이었다. 다이어트 유튜브 '삐약스핏'에서 진행하는 '어내복(어딘가 숨어 있는 내 복근)' 챌린지가 있었는데, 3주 동안 운동 영상을 따라한 것을 찍어서 SNS에 꾸준히 올리는 프로그램이었다. 상품의 수가 많은 것은 아니었지만 인증하는 동안 '1등 하면 어쩌지'라는 설렘을 주기에는 충분했다.

처음에는 집에서 생활하던 복장 그대로 영상을 찍어 올리다가, 문득 '이건 좀 아니지' 싶은 생각에 운동복을 제대로 갖춰 입고 영상을 찍어 올리기 시작했다. 혼자 할 땐 그렇게 안 되던 홈트였는데 상품이 걸리니 매일 하게 되었다.

첫 도전에서는 상품도 받지 못했다. 그리고 3주의 시간 동안 내 몸에서 드라마틱한 변화가 일어난 것도 아니었다. 식단 관리를 병행했다면 모를까, 나름 사연이 많았던 시간이다 보니 철저하게 관리를 하지는 못 했던 것이다. 하지만 가장 큰 변화는 나의 하루 중에서 홈트를 위한 틈을 만들 수 있었다는 것이다. 오전 시간을 이용해서 미션 영상과 다리 찢기 영상을 찍어 올리고, 3주차에는 추가 근력운동도 했다.

게다가 영상을 통해서 내 몸을 객관적으로 보는 기회가 되기도 했다. 나 같은 과체중의 사람은 표준몸무게로 돌아갈 때까지 몸무게 관리가 중요하긴 하지만, 눈으로 보이는 이른바 '눈바디' 효과도 무시할 수는 없었다.

이렇게 다양한 챌린지가 있다니

여기저기 기웃거리며 함께하는 프로젝트에 참가해보아도 결국 집에서 운동하는 것은 혼자서 해야 한다. 그래도 서로 으쌰으쌰 하며 비슷한 고민을 나누는 것만으로도 운동을 계속 할 힘이 생긴다.

인스타그램을 찾아보면 수많은 챌린지와 프로젝트 기회가 있다. 하나의 챌린지가 끝나면 다른 챌린지를 찾아나서고, 어쩔 땐 기간이 겹쳐 두 개의 챌린지를 동시에 인증하기도 했다. 참여만 해도 상품을 주는 챌린지가 꽤 있다.

꼬박꼬박 인증하고 상품을 받으면서 느끼는 성취감은 생각했던 것보다 짜릿하다. 다만 무조건 굶거나 무리한 다이어트를 요구하는 챌린지는 하지 않으려 했다. 인플루언서나 커뮤니티 운영자가 어떤 마인드로 채널을 운영하는지, 평소의 분위기나 생활은 어떻게 하고 있는지 등을 보고 프로젝트를 신청하곤 했다.

추석이나 설날 등 운동은 안 하고 먹기는 좋은 시기에 단기 챌린지를 열어주는 인플루언서들도 많다. 한 번은 명절 연휴 5일 동안 운동을 인증하고 5만 원짜리 상품권을 받게 되어 참 감사했다. 조금이라도 움직일 계기를 만들어준 것도 감사한데 상품권까지 받으니 기분이 최고였다. 나도 이런 좋은 영향력을 주는 사람이 되어야겠다는 다짐도 하게 되었다.

챌린지 덕분에 나는 삐약스핏뿐만 아니라 땅끄부부, 제이제이 등 유튜브 채널을 통해서 좋은 운동과 루틴 프로그램을 많이 알게 되었다. '나도 해야 하는데'라는 생각만 갖고 실천을 못하는 분이라면 유튜브 영상을 틀고 하루 20분씩 따라하는 것만이라도 해보라고 추천하고 싶다. 티비에 스마트폰을 연결해서 유튜브를 보며 동작을 따라하기도 했고, 그냥 기존의 동작들을 반복하기도 했다. 집이 아니라 시댁이나 친정에 가면 잠시 짬을 내서 단순한 동작의 운동을 했다.

혼자 운동하는 건 누구나 힘들다

챌린지는 남에게 잘 보이기 위해 시작했던 것이 아니라 어떻게든 운동을 이어가기 위해서 시도했던 것이다. 그러다 보니 집이 어질러진 채로, 아이들이 뛰어다니는 채로 그냥 운동하고 기록하고 인증했다. 나도, 아이들도 적응시간이 필요했다. 그런데 매일 묵묵히 비슷한 시간에 운동을 하고 있으니 나중에는 아이들이 먼저 내 운동을 챙겼다. 아이들에게도 엄마의 운동이 빨리 끝나야 하는 이유가 있었기 때문이다.

"엄마, 오늘은 운동 안 해? 운동 빨리 해야지! 그래야 나 유튜브 보지!"

혼자 운동하는 것은 누구나 힘들다. 그렇기에 좋은 사람들이 있는 좋은 커뮤니티를 찾아서 들어가는 게 큰 도움이 된다. 비슷한 관심사의 사람들이 모이면 시너지가 커지면서, 더 좋은 음식을 찾아 먹게 되고 더 적극적으로 움직이게 된다.

운동시간을 확보해야 하니 우리 가족에게는 자연스럽게 스케줄표가 생겼다. 아이들 책 보는 시간, 낮잠 자는 시간, 간식 시간 이외에도 아이들에게 유튜브 보여주기 전 나의 운동시간 등이 조금씩 자리를 잡으면서 하루가 정리되어 갔다. 덕분에 코로나19로 인해 '확찐 자'가 되는 걸 면할 수 있었고, 오르락 내리락은 있었지만 6~7kg를 더 감량할 수 있었다.

스마트폰으로 운동 영상을 찍으면

언제 어디서나 운동할 수 있는 홈트는 최고의 운동이지만, 그렇다고 무조건 쉬운 것은 아니다. 홈트를 위해 유튜브 영상을 켜는 과정도 쉽지 않지만, 그 영상을 끝까지 따라하는 것도 생각보다 쉽지 않을 것이다. 홈트는 일단 영상을 끄지 않고 끝까지 하기만 해도 성공한 것이다.

이렇게 하기 위해 내가 활용한 방법은 스마트폰 동영상 촬영이다. 오늘의 운동을 인증하기 위해서 하이퍼랩스로 빠르게 찍는 것인데, 이것이 뜻밖의 효과를 가져오기도 한다. 바로 스마트폰을 묶어둠으로써 딴짓을 하지 못하게 예방하는 것이다.

딴짓의 대부분은 스마트폰에서 시작된다. 그래서 나는 집중해야 할 일이 있으면 그 모습을 스마트폰으로 촬영한다. 홈트뿐만 아니라 독서, 필사, 글쓰기 등등 다른 곳에도 활용 가능한 방법이다. 돌려보는 재미도 있고, 나중에 유튜브나 SNS의 좋은 소재가 되기도 한다.

아무 운동이나
하루 100개씩만

홈트의 첫 시작은 인증이었다. 상품을 받을 수 있는지 여부를 떠나서 날마다 인증하는 습관을 들이다 보니 자연스럽게 운동 기록이 되었다.

그런데 사람 욕심이 참 이상한 게, 처음엔 그냥 시작했는데 익숙해지니까 나중에는 이왕이면 상품을 받아보자는 생각이 들었다. 문제는 그래서 잘 하려고 하다 보니 무리가 되더라는 것이다. 영상을 잘 찍고 싶은데 아이들이 뛰어들거나 소리 지르는 게 찍히면 다시 찍고, 이것이 반복되면 아이들에게 화를 내곤 했다.

게다가 이런 챌린지들은 몇 주 정도, 길어봐야 두 달 정도밖에 지속되지 않았고 짧게는 5일이나 10일이었다. 그러다 보니 운동을 지속적으로 이어가는 데에는 좋지 않았다. 참여할 때는 열심히 하다가 기간이 끝나면 운동 의지가 시들시들해지는 나를 보면서 스스로에게 프로젝트를 주어야겠다고 생각했다.

이렇게 시작한 것이 '아무 운동 100개' 챌린지다. 이름 그대로 아무 운동이든 하루에 100개씩 했다는 걸 인증하는 방식이다. 스쿼트를 100개 하든, 윗몸 일으키기를 100개 하든, 플랭크를 100초 하든 상관없이 정말 가볍게 시작했다. 크게 계획도 없었다. 함께 하실 분들은 댓글을 달아달라고 하고 블로그에 포스팅을 쓰면서 그날의 운동을 인증하기 시작했다.

누가 시키는 것도 아니지만 스스로와의 다짐이었기에 매일 지켜나갔다. 인증을 위한 운동 외에 다른 운동도 추가하고, 기분 내키면 춤추는 영상도 올리고, 식단기록도 함께 올리다 보니 일종의 다이어트 일기가 되었다.

인상 깊게 읽었던 책 중에 임다혜 작가의 『딱 1년만 옷 안 사고 살아보기』가 있다. 제목 그대로 1년 동안 옷을 안 사는 것에 도전하면서 가지고 있던 옷도 조금씩 줄여가는 기록을 담은 책인데, 데일리룩 사진을 찍어서 날마다 올렸다는 내용이 있다. 덕분에 자신이 즐겨 입는 옷, 사놓기만 하고 안 입는 옷, 잘 어울리는 옷, 예뻐서 샀는데 생각보다 안 어울리는 옷 등을 구별하는 데에 도움이 되었다고 한다.

그 책을 읽으면서 나도 1년만 이렇게 운동과 식단을 기록하다 보면 뭐가 보여도 보이겠다는 생각이 들었다. 그래서 1년간 인증기록을 올리는 것을 목표로 삼았지만, 중간에 건강상의 문제와 개인적 사정이 겹치면서 인증은 6개월이 되던 즈음 마무리되었다. 그래도 6개월간의 과정 속에서 배운 것들이 많았다. 운동에 대한 고민, 식단에 대한 고민을 날마다 정리하면서 내 몸을 더 많이 이해하는데에 큰 도움이 되었다.

완벽하게 하려다가는 시작도 못 한다

처음에는 계획도 없이 일단 플랭크 100초로 시작했다. 그런데 플랭크 몇 분으로 끝내기가 아쉬워서 여러 운동을 시도하게 되었고, 일단 한 가지를 선택하면 100개를 채웠다. 고등학교 때도 그랬지만, 지금도 나는 어떤 단순한 규칙을 정하면 무식하게 그걸 지키는 것만큼은 잘한다.

물론 수월하게 흘러가지는 않았다. 어떤 날은 너무 피곤해서 어깨 돌리기 100번의 꼼수로 채운 날도 있다. 반대로 어떤 날은 평소라면 힘들어서 시도하지 않았을 슬로우 버피 100개에 도전하기도 했다.

남녀노소를 막론하고 몸이 건강하려면 근육량이 충분해야 한다. 그런데 근육량이 늘어나려면 식단 관리만으로는 안 되고 반드시 운동이 필요하다. 몸무게를 줄이는 효과가 생각보다 적더라도 운동을 반드시 해야 하는 이유가 여기에 있다.

문제는 한두 번의 운동만으로 근육이 만들어지지는 않는다는 것이다. 특히 몸의 중심을 잡아주는 복근 등의 코어 근육은 오랜 시간 꾸준한 노력을 통해서 만들어진다. 복근 운동을 한다고 뱃살이 쭉쭉 빠지는 건 아니지만, 그래도 매일매일 운동해야 하는 중요한 근육이다.

챌린지가 끝난 후에도 복근 운동과 다리 찢기를 통한 하체 스트레칭은 꾸준히 진행하기 위해 노력했다. 그 덕분인지 몸무게는 별로 줄어들지 않았는데 살이 빠진 것 같다는 이야기를 종종 듣기 시작했다. 소리 없이 진행되지만 차곡차곡 쌓이는 습관의 영향력은 분명히 있는 모양이다.

식단 관리와 마찬가지로 운동 역시 모든 날, 모든 순간이 완벽할 수는 없는 것 같다. 어떤 날은 내가 생각해도 부끄러울 만큼 대충 한 날도 있지만, 또 어떤 날은 추가 운동까지 정말 알차게 기록한 날도 있다. 들쑥날쑥하긴 해도 그렇게 6개월이 지나고 보니, 어쨌든 나는 열심히 운동하고 기록한 사람이 되어 있었다. 지나고 보면 살이 빠졌다는 사실보다 내가 해냈다는 성취감이 더 커진다. 덕분에 건강한 생활을 유지하려는 노력도 꾸준히 진행될 수 있었다.

꾸준히 하면 반드시 이긴다

'아무 운동 100개' 챌린지를 멈췄다고 해서 운동과 다이어트도 멈춘 것은 아니다. '아무 운동 100개' 챌린지가 혼자 하는 운동이었다면 블로그 이웃들과 함께하는 '엄마의 운동장'과 '건강한 다이어트 생활' 모임은 함께 생활습관을 잡아가기 위한 모임이었다. 이왕이면 함께 운동할 사람들이 있으면 효율적이므로 블로그를 통해 내가 직접 멤버를 모아서 운영해 보기로 한 것이다. 처음엔 다른 사람이 만들어놓은 인증 시스템에 들어가서 운동을 시작했지만, 내가 목이 말라지니 스스로 인증 시스템을 만들게 되었다.

처음부터 완벽하게 잘 하려고 하면 시작조차 못 할 때가 많다는 걸 여러 번의 경험으로 알고 있었다. 그래서 이번에도 그냥 가볍게 시작했다. 일단 1일차를 시작했고, 하다 보니 규칙이 조금씩 보완되면서 인증 방식이 정리되고 루틴이 만들어졌다. 2021년에는 '1일 1요가'를 인증했는데 덕분에 왕비둘기 자세를 하면서 머리에 발이 닿는 경지에 도달할 수 있었다. 대단한 일도 아닌데 그렇게 뿌듯할 수가 없었다.

　무언가를 성취한 사람들을 들여다보면 처음부터 완벽하게 해낸 사람이 드물다. 실패하고 실수하고 시행착오를 거치면서 지금 우리가 보는 멋진 모습을 하고 있는 것이다. 보통 사람들과 그런 사람들의 가장 큰 차이점은 생각만 하고 시도하지 않는 것과 일단 가볍게라도 시도한 것의 차이가 아닐까 싶다. 그리고 시작했으면 멈추지 않고 계속 시도하고 방법을 찾아간다는 것도 말이다.

최고의 운동은
'홈트'

운동을 해야겠다고 마음을 먹었다면 방법과 운동 장소를 정해야 한다. 살을 빨리 효과적으로 빼려면 헬스장이 좋지만 사실 내가 재미있게 할 수 있다면 어떤 종목이든 상관없다. 요가, 필라테스, 크로스핏, 발레, 스피닝, 줌바댄스, 에어로빅 등등 요즘은 배울 수 있는 운동의 종류가 무척 다양하다.

어떤 운동이 좋을지 모르겠다면 우선 가까운 헬스장에 등록하도록 하자. 핵심은 '가까운'이다. 시설이 훌륭하고 트레이너도 정말 좋지만 물리적 거리가 먼 곳은 일부러 시간을 내서 가야 한다. 하루이틀이면 몰라도 날마다 운동을 하려면 이것이 은근히 사람을 지치게 만든다. 하지만 운동할 곳이 가깝다면 오며 가며 시간 있을 때 들러도 되고, 피곤한 날은 샤워라도 하자며 나섰다가 운동을 하게 될수도 있다. 일반적인 헬스장은 GX(그룹운동)가 아니라면 시간의 제약도 없다.

운동 하자고 마음먹은 첫날에는 하루도 빼먹지 않을 것 같지만, 그 열정이 끝까지 지속되기는 어렵다. 정해진 기간 없이 꾸준히 해야 할 일이 있다면 하루의 루틴으로 만드는 것이 가장 좋다. 하지만 그것이 운동이라면 다른 우선순위에 밀리기 쉽다.

그런 의미에서 가장 접근성이 좋은 운동은 집에서 하는 홈트(홈트레이닝)다. 눈이 오나 비가 오나 집 안에서 내 몸뚱이 하나 있으면 무엇이든 할 수 있다. 혼자 운동하기 힘들면 유튜브에서 '홈트'라고 검색해보자. 엄청나게 다양한 운동 영상이 나올 것이고, 거기에서 자신의 취향과 능력에 맞게 선택해서 따라하면 된다. 시간도 10분짜리부터 1시간 이상까지 다양하다.

홈트를 이렇게 예찬하게 된 것은 코로나 사태 때문이다. 운동에 한창 재미가 들렸고 특히 여럿이 함께하는 GX 프로그램을 참 좋아했지만 상황이 상황이다보니 어디에도 갈 수가 없었다. 하지만 운동을 하지 않으면 오히려 더 많이 먹게 될 것 같았고 겨우 뺀 살들이 다시 찔 것 같았다. 나에겐 운동을 해야만 하는 이유가 분명했다.

어떻게 하면 좋을지 고민하다가 택한 것이 홈트였다. 그런데 예전에 처음 다이어트를 시작할 때는 먹는 것을 조절할 자신이 없어서 운동을 열심히 했는데, 막상 홈트를 하려니 오히려 먹는 걸 조절하는 게 쉽겠다는 생각이 들었다. 아이들 돌보는 틈틈이 시간 내서 TV 앞에 서고 유튜브 영상을 트는 게 무척 힘이 들었다.

홈트를 향한 고군분투기

처음엔 새벽 시간을 이용했다. 화상회의 프로그램으로 얼굴을 보며 같은 시간에 함께 운동하자는 분이 계셔서 시작할 수 있었다. 처음 2~3주는 잘 따라갔지만 문제는 그 다음이었다. 아침에 눈 뜨는 것은 쉬웠지만 이불 밖으로 나가는 데까지 정말 오래 걸렸다. 운동이 하기 싫으니 이불 안에서 계속 휴대폰만 보며 시간을 낭비했다. 차라리 잠이라도 더 잤으면 피곤하지나 않았을 것이다.

아는 대로만 행할 수 있다면 정말 좋겠지만 우리는 나약한 인간이다. 침대와 TV가 동시에 있는 공간에서 침대를 포기하고 일어나 움직이는 것이 생각보다 쉽지 않다. 심지어 TV를 켤 리모컨을 찾는 것조차 귀찮아 하는 게 인간이니, 운동 영상을 찾아서 트는 데까지도 많은 난관에 부딪힐지 모른다. 나 역시 하루일과 중에서 가장 미루고 싶은 것이 운동이고 홈트였다.

자리에서 일어서기만 하면 되고, 운동 후 땀이 나면 바로 샤워가 가능한데 왜 이렇게 하기가 힘들까? 어쩔 수 없다. 우리가 사람이기 때문이다. 사회가 빠르게 발전했어도 아직 원시시대와 똑같은 상태로 머물러 있는 우리 몸은 언제 닥칠지 모르는 위협에 대비해서 당분을 체지방으로 비축하고, 쉴 수 있을 땐 최대한 쉬려고 한다.

우리의 의지와 열정은 유한하다. 당장 마음 같아서는 끝까지 약속을 지킬 수 있을 것 같지만 몸이 힘들어지면 절대 그렇지 않다. 특히나 일부러 몸을 움직여서 힘들게 만드는 행위라면 더욱 힘들 것이다. 우리는 이미 너무나 많이 경험해봤다. 새해마다 결심했던 수많은 계획들이 지속되지 못했음을 말이다. 성공에 관한 수많은 책에서 '루틴'과 '환경'의 중요성을 주장하는 것은 이 때문이다. 나의 의지를 믿는 대신, 몸을 움직이는 것에 대한 거부감이 생기기 전에 자동으로 움직이게끔 만들어 놓는 것이 효율적이다.

먼저, 꼭 해야 할 일이 있으면 매일 그것을 하기 위한 시간을 지정하는 것이 좋다. 나는 되도록 오전에 운동을 하려고 했다. 아직 몸의 피로가 덜 쌓인 오전 시간에 운동을 일찍 끝낸다. 그러고 나면 그날 해야 할 가장 힘든 숙제를 끝낸 것 같아서 하루가 가볍다. 이런 긍정적인 기분을 자주 느껴야 우리 몸도 그에 대한 거부감이 줄어들 것이다. 하루 중에서 꼭 할 수밖에 없는 시간에 운동을 배치하는 것이 지속하는 데에 큰 도움이 된다.

그 행동을 끝내고 났을 때 스스로에게 보상을 주는 것도 좋다. 운동을 하고 나면 먹고 싶었던 메뉴로 맛있는 밥을 먹는 것도 좋고, 이 운동이 끝나면 보고 싶었던 드라마 한 편을 보겠다고 정해두는 것도 방법이다. 반대로 운동이 끝나지 않으면 밥을 먹지 못한다던가, 좋아하는 TV 프로그램은 러닝머신을 하거나 스쿼트를 하면서 본다는 식의 규칙을 세워두는 것도 좋다.

무엇보다도 왜 반드시 운동을 해야 하는지를 먼저 명확히 해두고 이것을 잊지 말자. 운동을 꾸준히 하는 것은 결코 쉽지 않다. 나만 그런 것이 아니고 모든 사람이 같은 마음을 느낀다. 하지만 분명한 목표가 있다면 어떻게든 방법을 찾아 나가는 것이 인간이다.

계속 궁리하고, 바꿔보고, 실험하다 보면 분명 나에게 맞는 방법을 찾아낼 수 있을 것이다. 한 가지만 진득하게 해야만 꾸준한 것이 아니다. 방법을 계속 바꾸더라도 어쨌든 꾸준히 운동을 하려고 한다면 그것 역시 성실한 것이다.

아이들이 훌륭한 코치가 되다

홈트를 이어가는 게 쉽지 않았을 텐데 어떻게 했냐는 질문을 많이 받는다. 그렇다, 정말 쉽지 않다. 지금은 홈트야말로 최고의 운동이라고 생각하며 당연하게 활용하고 있지만 처음부터 그랬던 것은 아니다. 홈트 말고는 다른 대안이 없었기 때문에 어떻게든 운동을 지속하려고 궁리했던 것뿐이다.

한창 재미있게 스피닝을 배우면서 몸이 많이 가벼워지고 나니 근력운동으로 몸매를 잡아주고 싶은 마음이 생겼다. 그러기 위해선 스피닝 시간보다 30분 정도 일찍 가서 기구운동을 하거나 집에서 홈트를 해야 했다. 하지만 잠깐의 시도를 했을 뿐 둘 다 별로 성공적이지는 않았다.

그리고 코로나 사태가 시작되었다. 그나마 재미를 붙였던 스피닝도 못하게 되니 빠졌던 살이 다시 찔까봐 두려웠다. 그래서 시작한 것이 홈트지만 재미는 없었다. 사람들과 으쌰으쌰 신나는 노래를 들으면서 함께 운동하는 것을 좋아했던 나에게 홈트는 오롯이 나와의 싸움이었던 것이다.

게다가 아이들은 내가 뭐만 할라 치면 계속 매달리고 쉴 새 없이 엄마를 불러댄다. 운동에 집중하기는커녕 잠시 짬을 내기조차 힘들다. 결국 운동을 하러 가는 것도, 홈트를 하는 것도 정해진 루틴이 필요하다. 나는 이런 문제를 어떻게 해결했을까?

재미있게도 코로나 사태가 더 심해지면서 강제적으로 나갈 수 없고, 아무 곳에도 갈 수 없어서 아이들과 24시간을 함께 보내야 하는 상황이 펼쳐진 후에야 홈트를 제대로 시작할 수 있었다. 그나마도 한 번에 진행된 것이 아니다.

처음에는 운동 시간을 다양하게 시도해봤다. 새벽, 오전, 아이들 낮잠 시간 등을 이용해봤고 아예 낮에 아이들과 함께 운동하는 것도 시도해봤다. 오후나 저녁시간에도 해봤다. 많은 시도 끝에 아이들과 나 사이에 조금씩 규칙이 정리되면서 생활이 유지되었다.

이러한 시도가 뜻밖의 효과를 가져왔다. 아이들이 든든한 조력자로 나서기 시작한 것이다. 처음 운동할 때는 방해되는 게 더 크던 아이들이 시간이 지나서 서로 적응되자 먼저 엄마의 운동을 챙기기 시작한다.

우리 집은 아이들이 유튜브 보는 시간을 따로 정해놓고 있다. 책 보고 놀이 하면서 오전 시간을 보내고, 점심 먹은 후 낮잠을 자고 일어나서 간단히 간식을 먹은 후 유튜브를 볼 수 있었다. 아이들도 나도 영상을 너무 오래 보지 않으려고 일부러 생활패턴을 이렇게 잡았다. TV를 켜기 시작하면 다시 끄기 힘들었기 때문에 최대한 미룬 것이다. 그런데 나의 운동 시간은 그 앞에 있었다. 아이들이 유튜브를 보려면 엄마의 운동이 꼭 완료되어야 한다.

"엄마, 운동 안 해?"

"엄마, 운동 언제 할 거야?"

"엄마, 운동 해야지!"

아주 감독 코치가 따로 없다. 덕분에 운동이 하기 싫어서 미루는 날은 옆에서 아이들이 들들 볶는다. 운동할 때도 협조적이다. 종종 내가 보는 영상이 재미있어 보이면 따라하기도 하는데, 그래서 내가 올린 인증 영상에는 "엄마도 해야지!"라는 아들의 목소리가 들어가 있는 것도 있다.

아이들과 함께 웃으면서 운동하기까지는 오랜 시간이 걸렸다. 운동에 방해가 된다며 아이들에게 화를 낸 적도 많고, 아이들끼리 싸우는 바람에 운동을 다 마치지 못한 적도 많다. 그래도 우리는 서로에게 적응하기 위해 노력했고, 지금은 운동이 당연한 생활의 일부분이 되어 있다.

엄마가 좋은 습관을 규칙적으로 반복하면 아이들에게도 좋은 교육이 될 수 있다고 생각한다. 아이들에게 먼저 보여주고 행동하는 엄마가 되고 싶다. 내 아이들이 포기하지 않고 꾸준히 노력하는 사람, 건강한 생활습관을 평생 유지하는 사람이 되었으면 좋겠다. 그러기 위해선 나도 꾸준히 노력하는 모습을 보여주어야 한다. 아이들은 요즘도 계속 물어본다.

"엄마, 운동 안 해?"

하루에 20분씩만!
추천 홈트 영상

여기에 추천하는 홈트 유튜브는 내가 실제로 유용하게 활용했던 영상 위주로 적은 것이다. 나에게는 잘 맞았지만 모든 사람에게 맞는다고 하기는 어렵다. 여기 소개되지 않은 유튜브 중에도 좋은 영상이 많으니, 자신에게 잘 맞는 운동을 찾아서 따라해보기를 추천한다. 홈트 영상을 선택할 때 중요한 것은 내가 끝까지 볼 수 있느냐이다. 한 번 켜면 끄지 않고 끝까지 하는 것이 중요하기 때문이다. 또한 내 몸에 대한 이해 없이 무리하게 운동하는 것은 좋지 않다. 다양하게 경험해보고, 내가 끄지 않고 끝까지 할 수 있는 영상이라면 어떤 것이든 보면서 움직이는 것이 좋다.

땅끄부부

홈트 열풍의 일등공신이 된 부부 유튜버. 초보자도 쉽게 따라할 수 있는 운동 루틴과 자세한 설명, 부부의 선하면서 진심어린 표정이 느껴져서 영상을 한 번 켜면 끝까지 할 수 있게 도와준다. 특히 '칼소폭(칼로리 소모 폭탄)' 시리즈는 30분 내에 전신운동이 가능한 좋은 콘텐츠라고 생각한다. 난이도에 따라 걷기 위주의 '순한 맛', 쉬는 시간 없이 진행하는 '매운 맛', 그리고 더 높은 난이도의 '핵매운 맛', '찐핵매운 맛', '찐핵핵매운맛' 등으로 나뉜다.

주원홈트

댄스 기초부터 홈트로빅 등 다양한 부위의 운동을 신나는 노래와 함께 할 수 있다. 50kg 감량에 성공한 후 계속 유지하고 있는 유튜버답게 어떻게 하면 사람들을 잘 움직이게 할지 고민하는 진심이 느껴진다. 춤을 추면서 운동할 수 있는 '댄스기초', 전신 유산소 운동인 '급찐급빠' 시리즈 등이 있다.

모멘트핏

일반 회원과 함께 영상을 찍어서 마치 PT를 받는 것처럼 자세히 설명하며 함께 운동한다. 초보자들도 쉽게 따라할 수 있는 동작으로 하루 프로그램을 구성해서 지겹지 않도록 12주 프로그램으로 이루어져 있다. 그날그날 어떤 운동을 할지 고민되거나 같은 것을 반복하는 게 싫다면 12주 프로그램을 처음부터 차례대로 따라가는 것을 추천한다.

심으뜸

헬스부터 필라테스까지 운동 자세와 지식에 대한 깊이가 느껴지는 유튜버. 20대 초반에 큰 교통사고로 몸이 아팠고 그것을 극복하고자 운동을 한 사람이라 멘탈과 자존감이 강하다는 것이 느껴진다. 자세에 대한 설명이 자세해서 초보자들도 쉽게 따라할 수 있다. 집에서 할 수 있는 필라테스 영상과 스쿼트 등 다양한 영상과 챌린지 영상이 많다.

제이제이

여성을 위한 운동과 함께 다이어트 식단에 관한 이론도 많이 알려준다. 난이도가 다소 있는 편이라 완전 초보자라면 힘들 수 있지만 그만큼 운동이 많이 되는 장점이 있다. 하체운동 중심의 '하체토닝', 맨몸으로 하는 전신 타바타 운동인 '체지방착즙기' 등의 시리즈가 있다.

서리요가

자기 전 스트레칭으로 하기 좋은 요가와 아침에 기운을 북돋아주는 요가를 많이 소개한다. 초보자가 쉽게 따라하기 좋도록 설명되어 있다.

유지어터를 넘어
'탈다이어터'로

어쩌다 보니
탈다이어터로 살고 있다

    원래 나의 다이어트 목표는 57kg이었고, 나이가 들어도 60kg을 넘기지 않고 사는 것이었다. 그 목표를 위해서 열심히 하다 보니 25kg을 감량했지만 솔직히 말하면 목표에 도달하지는 못했다. 그나마 글을 쓰고 있는 지금은 셋째를 임신중이라 다시 10kg이 증가한 상태다. 그렇다면 나는 다이어트에 실패한 걸까?

    어쨌든 뺀 적이 있으니 성공했다고 할 수도 있고, 임신 때문에 어쩔 수 없다고 할 수도 있고, 그래도 다시 찐 거니까 실패했다고 할 수도 있다. 모두 맞는 말이다. 타인의 생각까지 내가 어떻게 할 생각은 없다. 중요한 건 내 생각이니까.

예전의 나는 스스로 다이어트에 실패했다고 생각했다. 임신하기 전까지 스스로를 '유지어터'라고 표현하긴 했지만, 사실 자발적으로 유지어터가 된 것은 아니었다. 목표치인 57kg으로 가기 위해서 이런저런 시도와 노력을 했지만 마음대로 되지는 않았다. 어느 정도의 운동과 식단을 습관으로 만들고 나니 더 이상 살이 빠지지 않았다. 생활패턴을 더 엄격하게 바꾸지 않는 이상 그 몸무게가 나의 균형점이었던 것이다.

그럴 때 내가 선택할 수 있는 것은 무엇일까? 어떻게 하면 살이 더 빠질지는 이미 알고 있었다. 과거에도 한 번 성공했으니까. 하지만 그렇게 하기에는 아이들이나 남편과의 관계에 리스크가 커질 것이고 나 스스로도 괴로울 것이 뻔했다.

처음에는 이 상태가 다이어트의 실패라고 생각했다. 블로그에 기록하는 것도 민망했다. 그렇게 외쳐댄 목표 57kg에 도달하지 못하고 있으니 말이다. 스스로 다이어터라면서 다이어터 같지 않은 모습에 부끄럽기도 했다.

하지만 단순히 실패라고 하기에는 현재 나의 생활은 매우 안정적으로 잘 돌아가고 있었다. 스스로에 대한 성취감과 뿌듯함도 높았고, 아이들과 남편과의 관계도 좋았다. 살을 더 빼려면 일정부분 고통을 감수하며 포기해야 할 것이 있는데, 굳이 그럴 필요를 느끼지 못할 만큼 좋았다.

먹는 것을 줄이면 살은 더 빠지겠지만 그 과정에서 예민해져서 욱하는 일이 늘어날 테고, 그것은 오롯이 육아와 살림에 반영될 것이 분명하다. 운동과 먹는 것에 집중하다 보면 독서 활동이나 블로그 쓰기도 소홀해질 수 있다. 그렇게까지는 하고 싶지 않았다.

어느 순간부터 57kg은 단지 숫자에 불과하다는 것을 깨닫게 됐다. 육아와 삶의 반복 속에서 희미해지는 나를 찾기 위해 설정했던 상징적 숫자일 뿐, 지금의 나는 그 숫자가 아니어도 충분히 멋지고 아껴줄 가치가 있는 사람이다.

그렇게 숫자에 대한 강박을 점점 내려놓고 내가 좋아하는 것, 나의 취향, 건강을 위한 라이프 스타일을 하나씩 찾아가고 있었다. 그 과정이 없었다면 임신중 불어나는 몸무게에 굉장히 스트레스를 받았을 것이다. 몸무게에 상관 없이 임신기간을 즐길 수 있는 것도 이제는 숫자보다 중요한 것이 '나'라는 것을 알게 된 덕분이다. 건강하게 출산한 후 다시 내 몸의 회복에 집중하면 된다.

책의 처음부터 지금까지 다이어트에 관한 이야기를 하고 있지만, 결국 내가 하고 싶은 이야기는 다이어트를 그만하자는 '탈다이어트'이다. 다이어트에 집착하지 말고 '나'에게 집중하자는 것이다. 우리는 몸무게와 다이어트에 대해 정도의 차이만 있을 뿐 어느 정도의 강박을 가지고 있다. 몸무게가 많으면 많은 대로, 적으면 적은 대로 넘쳐나는 음식들 속에서 무엇을 먹고 무엇을 참아야 할지를 고민하게 된다.

살이 많든 적든 '나'가 괜찮다면 그대로 괜찮은 것이다. 57kg에 도달하지 못해도 건강한 유지어터, 행복한 탈다이어터로 잘 살아가고 있으면 그걸로 충분하다.

뭐든지 다 되는 행복한 탈다이어터

다이어트를 멈추자고 했지만 살 빼고 싶은 사람을 말릴 생각은 없다. 살을 빼더라도 굳이 못 먹을 음식은 없다는 걸 알려주고 싶은 것뿐이다. 탈다이어터는 못할 것이 없다. 내가 좋아서 하는 것이라면 뭐든지 해도 된다.

요즘 아이와 가장 많이 실랑이하는 것은 기다림이다. 여섯 살 아이는 나더러 뭔가 해달라고 해놓고 찰나의 순간을 기다리지 못하고 짜증내면서 울 때가 많다. 몇 번을 기다리라고 이야기하다가 나도 욱해서 같이 화를 내기도 한다. 여섯 살은 한창 조절하는 능력을 배우는 시기라고 한다. 아이가 기다리는 연습을 할 수 있도록 동작 지시하기 게임 등을 많이 해주라고도 한다.

아이들은 조절력을 키우기 위해 이렇게 연습이 필요하다. 그런데 어른인 우리라고 다를까. 순간순간을 참지 못하고 쇼핑을 하거나 폭식을 한다. 그것을 비난하려는 게 아니라 우리도 연습이 필요하다는 것이다. 숙성되기 위해 시간을 들여서 꾸준히 행동하고 기다려야 되는 것들이 세상에는 생각보다 많다.

먹고살기는 점점 더 팍팍해지는데 주식과 부동산으로 부자가 된 사람들은 많아지고 있다. 왠지 운이 좋아서 한 순간에 10억 원, 100억 원을 벌었을 것 같지만 자세히 들여다보면 그냥 번 사람은 없다. 하락장에서 피눈물을 흘려본 사람, 잠잘 시간을 쪼개어 부동산 답사를 하는 사람, 퇴근 후 공부를 하고 분석을 하는 사람 등등 누구에게나 똑같이 주어진 24시간을 알뜰히 쪼개서 꾸준히 노력했다는 것을 알 수 있다.

내가 살이 많이 빠졌다는 칭찬을 들을 수 있는 이유도 지난 3년 동안 꾸준하게 식단관리와 운동을 하며 기다려왔기 때문이다. 육아, 영어공부, 독서, 글쓰기, 재테크 등 그 무엇도 단기간에 눈에 띄는 보상을 받을 수 있는 것은 없었다. 모두 꾸준함과 기다림이 필요한 것들이다.

그렇다고 아무것도 하지 않으면서 기다리기만 한다고 되는 것은 아니다. 지치지 않기 위해 매일 할 수 있는 분량을 정하자. 사소해도 괜찮지만, 매일 하되 최소 3개월 이상은 유지해보자. 한 번에 많은 양을 해내려다가 오래가지 못하는 것보다, 소소하지만 매일 꾸준히 이어가는 것이 훨씬 더 큰 힘을 발휘한다는 걸 시간이 지나면 알게 될 것이다.

　우리는 봄, 여름, 가을, 겨울을 구분해서 이야기하지만 실제로 자연의 경계는 그렇게 칼같이 딱 잘라지는 게 아니라 조금씩 점차 바뀐다. 하지만 어느 순간에는 누가 느껴도 지금이 봄이고, 지금이 여름임을 느끼게 된다. 인간도 자연의 일부이다. 칼같이 정해진 경계선이나 정답은 없다. 꾸준히 이어가면서 기다렸을 때 누구나 변화를 느끼는 순간이 올 뿐이다.

밤에는 확실히 쉬고,
낮에는 알차게 살고

우리는 잠에 인색하다. 적게 잘수록 성공에 가까워질 거라 하고, 많이 자면 게으른 사람이라 치부하는 경우가 많다. 요즘에는 수면의 양과 질에 관한 연구가 많이 나오면서 사람들의 인식이 많이 바뀌고 있지만 여전히 잠을 줄여서까지 무언가를 해내야 한다고 생각하는 사람이 많다.

잠은 다이어트에도 많은 영향을 미친다. 기초대사량이 높고 건강한 사람은 잠만 잘 자도 자는 동안 소비되는 칼로리 때문에 다음 날 아침 몸무게가 줄어들어 있다. 다이어트를 하는 사람들이 보통 아침 공복에 체중을 재는 이유는 음식이 모두 소화된 상태라서이기도 하겠지만, 그때가 하루 중 가장 낮은 몸무게가 측정되기 때문이 아닐까 생각해 본다. 체중이 전부는 아니라고 하지만 사람인 이상 숫자에 예민해지는 것은 어쩔 수 없으니까 말이다.

적당한 포만감이 있어야 잠이 잘 오는 것은 맞지만, 그것이 수면의 질을 보장하는 것은 아니다. 잘 때 위 속에 음식물이 차 있으면 오히려 깊은 잠을 잘 수 없어 수면의 질이 떨어지기 때문에 주의하는 것이 좋다.

수면이 부족하면 왜 다이어트가 힘들어지고 살이 찌는 것일까? 실험 결과에 따르면 사람마다 수면시간이 다르지만 6~8시간 사이에서 자신에게 맞는 적정 수면시간을 매일 지키는 것이 좋다고 한다. 특히 7~8시간을 자는 사람들 중에는 비만이 적다고 한다.

우리 몸은 호르몬의 지배를 많이 받는데 잠을 제대로 자지 못하면 공복 호르몬인 그렐린의 수치가 올라가고 식욕 억제 호르몬인 렙틴의 수치가 낮아진다고 한다. 수면이 부족한 다음 날 피곤하면 맵고 자극적인 음식이 생각나거나 당 보충이 필요하다며 초콜릿이나 탄수화물이 당기는 것은 그렐린 호르몬의 영향이다.

잠이 보약이란 이야기는 그냥 나온 게 아니다. 수면의 질이 떨어지면 다음 날 컨디션도 좋지 않고 쉽게 짜증이나 화가 나는 것을 겪어본 적이 있을 것이다. 잠을 잘 자야 집중도도 높아지고 운동이든 다른 활동이든 효율적으로 할 수 있다.

잠자는 시간을 아까워 하지 말자. 수면시간을 충분히 확보한 후에 깨어 있는 시간을 알차게 사용하는 것이 훨씬 삶의 효율이 높다. 깨어 있는 시간이 길다고 해서 모든 시간을 집중해서 사용하는 것은 아니기 때문이다.

나는 잠이 적은 사람이고 잠자는 것을 싫어했다. 아이가 태어나기 전까지는 잠에 아쉬워해 본 적이 없었다. 하지만 갓난아이를 육아하면서 새벽에도 수시로 깨는 삶을 1년 넘게 살고 나니 잠이 정말 소중하다는 걸 알게 됐다. 수면 부족으로 인해 식욕이 늘고, 살은 살대로 찌니 더 우울하고 힘들었다.

나도 처음부터 수면과 다이어트의 관계를 알고 시작했던 것은 아니다. 건강한 삶을 만들기 위해 하나하나 습관을 잡아가다 보니 수면의 필요성과 이해도가 높아지고 실행하게 된 것이다. 공복과 수면의 질이 어떤 차이를 가져오는지 느끼기 위해서는 내 몸을 대상으로 계속 실험해보고, 그 느낌을 기록하고, 기억해보는 것이 좋다. 어떤 행동에 대해서 부정적인 느낌을 계속 반복 경험하게 되면 그 행동은 자연스럽게 하지 않게 되고, 반대로 긍정적인 느낌을 반복 경험하게 되면 그 일은 하지 말라고 해도 하게 된다.

잠의 질에 따라 컨디션이 좌우되고 다이어트에도 영향을 준다는 걸 몸으로 직접 느끼고 나서는 웬만하면 수면시간을 지킨다. 밤 10시 전에는 아이들과 함께 잠자리에 들고, 오전 4시 30분에 기상

한다. 2~3년간 하루일과를 요래조래 조정해본 결과 나에게 맞는 시간은 10시 전 취침, 4시 30분 기상이었다.

모든 사람이 새벽에 일어나는 이른바 '미라클 모닝'을 할 필요는 없다. 자신이 잘 잠들 수 있는 시간과 집중이 잘 되는 시간을 찾는 게 중요하다. 잠드는 시간이 늦어지거나 컨디션이 좋지 않다면 아침에 더 자기도 한다. 셋째를 임신한 후에는 새벽 기상을 포기하고 잠을 늘렸지만, 그래도 수면 루틴이 흐트러지지 않도록 최대한 노력 중이다.

잠이 부족하면 면역력이 떨어져서 감기에 걸리기도 쉽다. 한두 시간 수면시간을 아끼다가 잃는 것이 더 많게 된다. 그러니 차라리 더 푹 자고, 깨어 있는 시간을 더 효과적으로 활용하자. 그게 더 알찬 인생을 사는 요령이다.

절제하는 삶이 재미없다고
누가 그래?

친정 식구들은 즉흥적이고, 여행 다니기를 좋아하고, 먹는 것에 진심이다. 건강은 자만하면 안 된다고 하지만 흔히들 이야기하는 건강체질에 체력이 좋은 것이 집안내력이다. 특히나 아버지는 잠도 적으셔서 새벽 출발 당일여행도 자주 하셨다.

옆에서 볼 때 굉장히 즐겁게 사는 것처럼 보이지만 우리 아버지가 결정적으로 못 하시는 게 있다. 바로 술이다. 생김새만 보면 술을 짝으로 놓고 드실 것 같은데 세 잔이 최고 주량이시다. 그마저도 그냥 빨리 드시고 얼굴이 빨개진 채로 얼른 주무셔야 한다. 술을 마셔서 기분이 좋아지는 그 느낌을 모르신다.

나 역시도 아빠를 닮았는지 술을 마시지도 못하고 재미도 못 느낀다. 술을 좋아하는 사람들은 그런 나를 보며 "재미없게 산다"고 말하기도 한다. 자기관리에 철저한 사람들을 보며 우리는 흔히 수도승처럼 산다고 이야기한다. 먹을 것을 조절하고, 운동을 날마다 하면서 규칙적으로 사는 삶이 그렇게 보이나 보다.

자기관리를 잘 하기로 유명한 연예인 유재석과 박진영은 자신의 분야에서 거의 정상급에 올랐으면서도 여전히 자기관리에 최선을 다한다. 어떤 이는 그런 삶이 재미없어 보인다고 할 것이고, 어떤 이는 대단하다며 박수를 칠 것이다. 저렇게까지 사느니 그냥 성공안 하고 적당히 즐기면서 살겠다는 사람도 있을 것이고 나는 못한다며 드러눕는 사람도 있겠지만, 동시에 누군가는 그 사람들을 보며 동기부여를 받고 새로운 시도를 하기도 할 것이다.

20대 땐 성장을 위해 아등바등 공부하는 사람들보다 적당히 놀러 다니고 먹고 싶은 것 먹으면서 여유 있게 사는 내가 더 나은 인생을 즐길 줄 안다고 생각했다. 다이어트가 필요하다는 걸 스스로 느낄 때에도 먹고 싶은 것을 못 먹고 사느니 '건강한 돼지'가 행복하다고 외치기도 했었다. 잘나가는 사람들을 보면서 저런 삶은 재미가 없을 거라 단정짓고, 편견을 가진 채 이야기했었다.

그랬던 내가 부모님 그늘을 벗어나 30대가 된 후에는 조금 달라졌다. 자유롭게 하고 싶은 걸 하는 것이 무조건 즐기는 삶이라거나,

절제와 자기관리가 일상이 된 것이 무조건 즐기지 못하는 삶이라고 함부로 말할 수 없게 됐다.

살을 빼기 위해서는 먹는 양과 음식 종류를 조절해야 하지만, 그렇게 선택된 모든 음식들이 무조건 맛이 없다고 오해하지는 말기 바란다. 기름에 튀기고 고칼로리 양념을 덕지덕지 묻힌 음식만이 맛있는 음식, 힐링이 되는 음식은 아니다. 제철과일과 식재료는 그 자체만으로 감칠맛과 풍미가 좋다. 다만 자극적인 음식들에 길들여지다 보니 그 맛을 느낄 수가 없었던 것뿐이다. 그래서 처음엔 적응기를 가져야 한다.

가끔 먹고 싶은 음식을 맘 편히 양껏 먹지 못할 때는 내가 뭘 위해서 이러고 있나 생각하기도 했다. 가끔은 정신줄 놓고 그냥 먹어버리기도 한다. 먹고 나서 다시 조절할 수 있다는 자신감이 붙고 나서는 살이 찔까 봐 겁내지도 않는다. 그런데 막상 그렇게 먹고 나면 다음에 따라오는 건 배가 불러서 속이 불편한 기분 나쁜 느낌뿐이다.

내가 안 하고 있는 것이라고 해서 상대방에게도 무조건 불편하거나 힘들거나 재미없는 것은 아니다. 각자 자신의 삶에 맞게 다양한 재미가 있고 만족이 있기 때문에 그렇게 하는 것일 수도 있다.

요요 없는 다이어트를 하려면 먹고 싶은 음식을 무조건 참아서는 안 된다. 살이 빠지려면 더 이상 먹으면 안 된다며 무리하게 먹는 양을 줄여서도 안 된다. 내 본능이 원하는 것을 적당히 충족시키되 무조건 따라가서는 안 된다. 내 컨디션에 초점을 맞추되 본능을 조금씩 달래고 풀어주고 가끔씩 밀당도 하며 살아야 하는 것이다. 내 몸을 사용하는 것은 나이기 때문에 가장 잘 관리할 수 있는 사람도, 가장 많이 사랑해줄 사람도 나다.

이렇게 살다 보면 다른 사람들은 수도승 같이 산다고 오해를 하게 될지 모른다. 그러나 나는 수도승 같은 삶을 먼저 정해놓고 거기에 나를 억지로 끼워 맞추며 고행과도 같은 자기관리를 해오지 않았다. 오히려 내 몸과 마음의 소리에 귀를 기울이며 스스로 원하는 것과 좋아하는 것을 찾아 나가는, 일종의 여행과도 같은 자기관리를 했다.

인생을 즐기는 방법은 한 가지만 있는 게 아니다. 예를 들어, 코로나 사태가 시작되고 아이들과 24시간을 붙어 있을 때는 삼시세끼 밥을 차리는 게 힘이 들어서 배달음식, 냉동식품, 간편조리식, 인스턴트 음식을 자주 접하게 되었다. 그런데 이런 생활이 길어지니 오히려 오이소박이나 겉절이 같은 엄마가 해주던 반찬이 더욱 생각나는 것이었다. 직접 제철 식재료를 사다가 반찬을 만들어 먹는 것이 좋았다.

떡볶이, 치킨, 피자, 곱창, 파스타, 족발 등의 음식을 날마다 양껏 시켜 먹을 때와 일주일에 한 번 정도 정해진 날 먹었을 때의 맛은 전혀 다르게 느껴질 것이다. 만족도와 행복감이 높은 쪽은 오히려 후자가 아닐까 한다. 음식이 매번 나를 행복하게 해주지는 못한다.

절제된 자기관리의 삶이 무조건 힘들고 재미없을 것이라 오해하지 말자. 그 속에서 평생 지속가능한 관리 방법을 찾아가는 것이 오히려 오랫동안 행복하게 사는 방법일지 모른다. 누구도 타인의 삶을 평가할 수 없고, 내 삶을 평가받을 필요도 없다. 하고 싶은 일을 오랫동안 하면서 살아가려면 절제된 자기관리가 필요하고, 그 속에서 순간순간 진정한 자유와 즐거움을 누릴 수 있다.

그 계절, 그 나이, 그 시간에만 가능한 것들

낙엽이 떨어진 늦가을, 아이들과 길을 가다가 잠시 멈추게 되었다. 낙엽을 밟고, 던지고, 킥보드를 숨기고, 발을 파묻으면서 30분은 머물러 있었다. 코로나 사태 때문에 계절이 바뀌는 것도 느끼지 못한 채 1년을 보내다 보니 낙엽놀이가 가능한 계절이 왔다는 걸 잠시 잊었던 것이다. 예전 같으면 지저분하다고 못 하게 했을 텐데 언제 또 이렇게 놀 수 있겠나 싶어서 신나게 노는 아이들을 지켜보기만 했다.

두 아이의 육아를 하다 보면 다이어트에 전적으로 몰입할 수 없다. 처음에는 그럴 거면 안 하는 게 낫다는 생각에 차일피일 미루게 되었는데 그러는 동안 내 몸은 점점 불편해졌다. 기지개 한 번 시원하게 켜기 힘들 정도로 툭하면 어딘가 결리고 허리도 자주 아팠다.

결국 할 수 있는 작은 것들부터라도 하나씩 시작하자는 마음으로, 욕심 부리지 말고 한 달에 1kg씩만 빼자는 마음으로 시작한 내 인생 마지막 다이어트. 중간중간 흔들릴 때도 많았고 '3개월에 ○○kg 감량'이라는 식의 문구를 볼 때면 조급한 마음도 들었다.

하지만 내가 다이어트를 더 강하게 하려고 에너지를 쏟는 순간 아이들과 함께 할 에너지가 부족해지고, 화를 내거나 짜증낼 일이 많다는 것을 너무나 잘 알고 있었다. 엄마 노릇이 힘든 이유는 자신에게만 집중할 수 없기 때문이다. 나 자신에게만 집중하면 얻는 것은 생기겠지만, 아이들과의 시간은 줄어든다. 이 나이 때의 아이들과 이때만 할 수 있는 것들, 이때만 나눌 수 있는 감정이 있을 텐데 자칫 놓칠 수도 있다.

그래서 결국 나는 다이어트에 쏟는 에너지를 줄였지만, 그래도 놓치지는 않았다. 그야말로 꾸준하게 방향성을 가지고 밀고나갔다. 아이들과 충분히 함께하고 놀아주면서도 나의 시간을 쌓아가기 위해 노력했다. 덕분에 체중은 늘 조금씩 변화하지만 그 폭이 넓지 않게 1년을 유지할 수 있었다.

때로는 내 성과가 작게 느껴지기도 한다. 그럴 때면 나의 성장과 아이들의 성장 사이에서 늘 고민한다. 그래도 많은 선배맘들이 이

맘때의 아이들과 함께했던 시간을 그리워하고 아쉬워하는 걸 보며, 지금 내가 아이들과 치열하게 투닥거리는 하루하루가 바로 그 소중한 순간이라는 것을 잊지 않으려고 노력한다. 그만큼 아이들은 빨리 크고 성장하고 있다.

처음 목표했던 몸무게를 달성하지는 못했지만, 요즘엔 몸무게에 대한 목표는 사라지고 대신 아이들과의 시간을 잘 보낼 수 있도록 내 에너지와 체력관리에 더 힘쓴다. 아이들과 잘 놀아주려면 그만큼 잘 먹고 잘 움직여야 한다.

객관적으로 보면 나는 늘씬하고 쭉쭉빵빵한 몸매가 아니라, 그저 평범한 아줌마이자 두 아이의 엄마일 뿐이다. 하지만 내 스스로는 알고 있다. 나는 계속해서 스스로를 관리하고 신경쓰는 사람이다. 더 날씬해지려고 스트레스를 받기보다는 나와 내아이들을 있는 그대로 받아들이고 사랑할 수 있는 사람이다.

결국 요요 없는 다이어트의 비결은 다이어트에 너무 많은 힘을 쓰지 않는 것, 다이어트를 멈추고 습관을 바꿔가는 것이다. 단순히 살을 빼는 데 급급해서 지금 이 순간 내 주변을 스쳐 지나가는 많은 것들을 놓치지 말자. 세상엔 즐겁고 행복한 순간들이 너무나 많다.

소중한 아이들과 보내는 시간 ♥

아이들과의 시간을 행복하게 보내기 위해
에너지와 체력관리에 더욱 힘써야 한다!!

차곡차곡 쌓아온
나의 기록들

지금의 나는 탈다이어터로서 현재 생활에 만족하고, 운동과 먹는 것을 즐기면서도 잘 챙기는 사람이 되었지만 그렇게 되기까지 많은 시행착오를 겪어야 했다. 처음부터 이런 사람이었다면 아예 고도비만이 될 일도 없었다.

나를 변화시키기 위한 첫걸음은 스스로를 객관화하고 관찰하는 것인데 그러기 위한 최고의 방법은 기록하는 것이다. 기록이라고 하면 거창한 글쓰기를 떠올릴 수도 있지만, 그럴 필요 없다. 먹는 것을 사진으로 찍고, 어떤 운동을 했는지 적는 것만으로도 나를 객관화할 수 있는 충분한 기록이 된다. 여기에 느낀 점 한두 줄씩을 덧붙이다 보면 다음 날의 다짐과 계획이 자연스럽게 생기고, 하루하루가 쌓여서 1년이 되고 생활이 되어 간다.

예전에 다이어트를 할 때는 블로그나 기록 같은 걸 잘 몰랐다. 몸무게를 다이어리에 적고 운동이나 느낀 점을 간단히 적는 게 다였는데 그마저도 결혼할 때 싹 정리해버려서 남아 있지 않다. 반면에 생애 마지막이라고 생각한 이번 다이어트는 대부분의 과정을 블로그에 남긴 덕분에 이렇게 책으로 펴낼 수 있게 되었다. 처음부터 책을 쓰겠다는 생각으로 포스팅을 잘 하려고 한 것도 아니다. 그저 기록을 하다 보니 몰랐던 나에 대해 알게 되고, 취향도 찾게 되면서 스스로에 대해 많은 생각을 해보게 된 것이다.

다이어트도 그렇지만 기록도 지속가능하고 꾸준히 할 수 있는 것부터 시작해야 한다. 나에게 블로그보다 인스타그램이 더 쉽게 느껴진다면 거기서부터 시작하면 된다. 손으로 쓰는 다이어리가 좋으면 그것도 좋다. 어디에든 기록을 시작하고 그걸 꾸준히 이어가는 것이 필요하다.

나는 사진을 잘 찍거나 꾸미는 것을 좋아하는 사람은 아니다. 잘 보이려고 꾸미는 데에 집중하다 보면 오히려 금방 지쳐서 흥미를 잃을 것을 알기에 오히려 대충 기록했다. 기록을 '잘' 하는 것이 아니라 그냥 '하는 것'에 방점을 두고 정말 꾸준히 남기기만 했다. 이런 내 모습이 다른 사람에게는 어떻게 보일지 생각해 본 적도 없었는데, 온라인에서 나를 지켜보다가 오프라인에서 만나게 된 분이 이렇게 말씀을 해주셨다.

"애들하고 운동하는 영상을 있는 그대로 찍어서 올리는 게 너무 신기해요."

장난감으로 엉망이 된 거실과 카메라는 아랑곳하지 않고 뛰어다니는 아이들, 날 것 그대로의 영상을 올리는 것이 신기하다는 것이다. 본인은 깔끔하게 정리하거나 배경을 예쁘게 꾸미느라 그렇게 자주 올리지 못할 것 같은데, 본질에만 집중해서 꾸준히 하는 것에 감명을 받았다고 이야기하셨다.

결국은 내가 오래 할 수 있는 방식을 택했기에 가능했던 것 같다. 다른 사람에게 보여주기 위한 영상을 만들었다면 오랫동안 지속할 수 없었을 테고, 꾸준함이 주는 달달한 열매를 맛보지도 못했을 것이다. 남들이 아닌 나에게만 집중하면서 기록을 위해 꾸밈없이 올렸던 영상과 사진들이 전부 나의 역사가 되고 자산이 되었다.

블로그에 기록하면서 얻은 것이 많다. 글을 쓰다 보면 스스로에게 질문을 하게 되고, 그 대답을 찾게 되고, 직접 행동으로 증명하기 위해 노력하면서 나를 찾아갈 수 있었다. 그리고 그 글들을 바탕으로 돈사연 카페와 잇콘출판사가 진행하는 무료출간 프로젝트 '돈사연북'에 도전했고, 이렇게 책까지 낼 수 있는 기회를 얻었다.

셋째를 출산하고 어느 정도 적응이 되고 나면 다시 '건강일기',

'건강 글쓰기' 같은 프로젝트 모임을 만들어 보려고 한다. 어쩌면 아이 셋 육아로 인해 스스로에게 소홀해지는 나를 챙길 수 있는 장치가 되어줄지도 모른다.

먹어도 괜찮다는 것을 알아도, 기름진 음식이나 몸에 좋지 않을 듯한 음식을 먹었을 때 뒤따라 오는 죄책감을 완전히 떨쳐내기는 힘들다. 먹고 나서도 후회 때문에 스트레스를 받게 될 때도 있다. 그렇지만 건강일기나 건강 글쓰기를 통해 오늘 이 음식을 선택해서 먹은 나의 행복함에 대해, 나를 위해서 걷는 것에 대해, 스스로에게 어떤 감정과 태도를 가졌는지에 대해 적다 보면 '나를 아끼는 시간'에 의미를 부여하게 된다. 그러면서 나를 알아가는 데 더 도움이 될 것이다.

그리고 사람들에게 지속가능한 식단과 꾸준한 실행의 긍정적인 영향을 나누고 싶어서 그와 관련된 프로젝트를 계속 모집해 보려고 한다. 현재는 한 달에 20일 이상 운동을 인증하는 '엄마의 운동장'만 진행하고 있지만, 출산과 출간이 이뤄지고 나면 미뤄뒀던 다양한 계획을 실천으로 옮기면서 탈다이어터에 대한 생각을 계속 전파하고 싶다. 이 책을 읽는 독자 여러분도 함께 할 수 있다면 더욱 좋을 것 같다.

그렇다고 내가 언젠가 프로젝트를 시작하기를 기다리지는 마시기 바란다. 그보다는 여러분 스스로 지금 당장, 여러분을 위한 시간을 가지면서 조금씩 적어보는 것을 추천한다. 그렇게 여러분도 조금씩 여러분 자신에게 더 다가갈 수 있을 것이다.

이 기회를 빌려서 감사를 전하고 싶은 사람들이 많다. 책을 준비하고 나를 돌아보면서 가족들 생각을 참 많이 했다. 건강한 몸과 체력을 주시고, 긍정적 태도로 살아가도록 키워주신 부모님, 정말 감사하고 사랑한다는 말씀을 드리고 싶다. 살을 뺐더니 남편보다 더 예뻐해주신 시부모님, 부족한 점이 많은 며느리를 늘 응원해주셔서 너무나 감사하고 사랑한다고 말씀드리고 싶다.

좋은 엄마보다 '지중공 정영미'가 우선인 사람이라 아이들에게 잘 해주지 못할 때도 많다. 그런데도 무한사랑을 보여주는 나의 아이들 조준범, 조준희. 정말 사랑해. 엄마는 너희 덕분에 더 많이 성장할 수 있었어. 앞으로도 계속 같이 성장하자. 책을 준비하는 도중에 찾아와준 셋째 감동이도 엄마가 하고 싶은 것 다 할 수 있게 큰 탈 없이 건강하게 잘 있어줘서 고마워.

그리고 내가 어떻게 생겼든, 무엇을 하든 좋건 없이 지지해주고 사랑해주며 나의 외모 컴플렉스를 없애준 남편. 정말 무한히 고맙고 사랑합니다.

가족은 아니지만 가족 같은 사람들도 있다. 무조건 내 편을 들어주는 진선언니와 상랑이, 멀리 있어도 마음은 늘 함께하는 몽이, 계과, 친구들이 그렇다. 무엇보다 이 책은 '엄공방'과 '건다샘', '엄마의 운동장'을 통해 함께 해주신 모든 분들 덕분에 만들어질 수 있었다. 마지막으로 나의 기록을 혼자만의 일기가 아닌 한 권의 책으로 출간될 수 있도록 도와주신 돈사연카페 운영진과 잇콘 출판사 관계자 분들께 감사드린다.